rowohlts monographien
begründet von Kurt Kusenberg
herausgegeben
von Wolfgang Müller

Sven Hedin

mit Selbstzeugnissen
und Bilddokumenten
dargestellt von
Detlef Brennecke

rororo bildmonographien

Rowohlt

Dieser Band wurde eigens für «rowohlts monographien» geschrieben
Den Anhang besorgte der Autor
Herausgeber: Klaus Schröter
Mitarbeit: Uwe Naumann
Assistenz: Erika Ahlers
Umschlagentwurf: Werner Rebhuhn
Vorderseite: Sven Hedin in Sinkiang, 1933
(Foto Etnografiska museet, Stockholm)
Rückseite: Sven Hedin bei einer Routenaufnahme, 1927
(Aus: S. Hedin, Auf großer Fahrt. Leipzig 1929)

Veröffentlicht im Rowohlt Taschenbuch Verlag GmbH,
Reinbek bei Hamburg, Juli 1986

Satz Times (Linotronic 202)
Gesamtherstellung Clausen & Bosse, Leck
Printed in Germany
1080-ISBN 3 499 50355 7

9.–11. Tausend Januar 1991

Inhalt

Sven Hedin. Kreidezeichnung von C. Larsson, 1903

Der Große

«Oh, ich vermute, Sie geben, wie das so Ihre Art und Weise ist, der Angelegenheit eine etwas reizvolle Wendung?»
Karl May: «Bei den Trümmern von Babylon» (= «Im Reiche des silbernen Löwen» II, 1897), Bamberg o. J., S. 469

«Der Große» – das war der Titel, mit dem das Nachrichtenmagazin «Der Spiegel» am 3. Dezember 1952 seinen Nekrolog auf den schwedischen Asienforscher und Reiseschriftsteller Sven Hedin überschrieb. Und in der Tat: das Attribut «der Große» ist vortrefflich geeignet, den Habitus dieses 1865 geborenen Mannes im Guten wie im Schlimmen zu bezeichnen. Er war ein synthetischer Grandseigneur, und dementsprechend fand man ihn – wenn er nicht gerade eine hitzeflirrende Wüste durchzog oder einen schneeverwehten Paß überwand, eine wissenschaftliche Monographie konzipierte oder eine abenteuerliche Geschichte ersann – bei der réunion mit allen möglichen weitentfernten Wahlverwandten.

Als Einundzwanzigjähriger schilderte er Henrik Ibsen auf einer Dampferfahrt zwischen Göteborg und Stockholm den Palast des Xerxes in Persepolis. Er traf 1890 mit Schah Nasr-ed-Din[1]* von Persien zusammen, 1896 mit Zar Nikolaus II. von Rußland und 1903 mit Kaiser Franz Joseph I. von Österreich. Als Fünfundvierzigjähriger zankte er sich öffentlich mit August Strindberg über den Aussagewert einer innerasiatischen Seenkarte. Er traf 1910 mit dem amerikanischen Präsidenten Theodore Roosevelt zusammen, 1914 mit dem deutschen Kaiser Wilhelm II. und 1929 mit dem chinesischen Marschall Tschiang Kai-schek. Und als Siebenundsiebzigjähriger bekam er von Adolf Hitler «mit freundschaftlichem Gruß» einen Brief, in dem ihm im bombastischen Kleineleutedeutsch des Absenders mitgeteilt wurde: «Es ist ... mein unerschütterlicher Entschluß, die Waffen nicht eher niederzulegen, als nicht Europa sowohl vom Osten als auch vom Westen als endgültig gesichert und damit als gerettet angesehen werden kann.»[2]

Nachdem diese unheilvolle Rettungsaktion indessen gescheitert und

* Die hochgestellten Ziffern verweisen auf die Anmerkungen S. 127 ff.

der sogenannte Führer zu Staub und Asche verbrannt und sein Nachfolger Karl Dönitz von den Siegermächten inhaftiert worden war, schickte Sven Hedin der Frau des Großadmirals ein Liebesgabenpäckchen nach Hause. – Dann wartete er weiter auf den Ausbruch des dritten Weltkriegs, denn er war davon überzeugt: *Die germanische Rasse kann nicht ausgerottet werden. Ihre Zeit kommt noch; und wenn erst einmal die Macht des Bolschewismus gebrochen ist, erhält auch Deutschland seine Chance. Womöglich wäre die Welt noch in Ordnung zu bringen, wenn die Westmächte Deutschland unterstützen würden, anstatt es zu unterdrücken. Aber so, wie es jetzt aussieht, rückt der dritte Weltkrieg immer näher. Ja, er ist nach meiner Überzeugung unausweichlich.*[3]

In solchem Denken starb Sven Hedin 1952. Er starb hoch verehrt von den Freunden seiner Reiseberichte, skeptisch gewürdigt von den Forscherkollegen und tief verachtet von den Antifaschisten. Die Bundesrepublik Deutschland kondolierte verlegen mit einem Kranz durch ihren Gesandten. Ein Chor sang Beethovens «Die Himmel rühmen ...». Dann fiel die letzte Schaufel Erde auf den Sarg von Sven Hedin.

Und danach war es still um ihn.

Aus Berührungsangst vor einem offenbar unverbesserlichen Sympathisanten der Nazis räumte man beim großen ideologischen Reinemachen die Bücher Sven Hedins in die staubziehenden hinteren Regale der Bibliotheken. Dort gerieten sie wie ihr Autor allmählich in Vergessenheit. Vergessen war, daß dieser Mann Hunderte von Essays und Pamphleten publiziert, vor Tausenden von Menschen Vorträge gehalten und Millionen von Exemplaren seiner Werke in aller Herren Ländern unter die Leute gebracht hatte. Wen interessierte das noch?

So kam es, daß man in Schweden, wie sich Jan Myrdal erinnert, am Ende der fünfziger Jahre mit den Büchern Sven Hedins «für ein paar Zehnkronenscheine Schubkarren füllen konnte»[4]. In der Bundesrepublik trifft man heutzutage Buchhändler, die kaum mehr seinen Namen kennen.

Und dennoch: der Transhimalaja ist weiterhin auch als «Hedin-Gebirge» geläufig, manche Straße wie in Hannover und mancher Platz wie in Berlin wurde nach Hedin benannt, Pflanzen wie der Enzian *Gentiana Hedini* und Insekten wie der Käfer *Longitarsus Hedini* tragen seinen Namen – ebenso das Horntier-Fossil *Tsaidamotherium Hedini*. 1970 vereinbarte die Generalversammlung der Internationalen Astronomischen Union, daß bei 3°N 76°W ein Mondkrater namens «Hedin» liegt. Seit 1976 heißt ein deutsches Wohnmobil «Sven Hedin». Und zwei Jahre später machte Svante Foerster, der hierzulande ausschließlich als Autor pornographischer Geschichten bekannt geworden ist, seinen Landsmann Sven Hedin zum Titelhelden eines Musicals. In Eduard Künnekes Operette «Der große Name» hatte sich bereits 1938 ein Mann als Sven Hedin ausgegeben.

Sven Hedin? ... Wer war Sven Hedin?

Glücklich der Knabe ...

Sven Hedin war der Nachfahre eines Bauerngeschlechts, das bis weit in die zweite Hälfte des 17. Jahrhunderts hinein in Hidingsta, einem Weiler in der mittelschwedischen Provinz Närke, Landwirtschaft betrieben hatte. Fernab war das Reich in lange Kriege verwickelt gewesen. Noch immer spricht man heute von der glorreichen Zeit, der Zeit Gustaf Adolfs, Königin Christinas und Karls XII. – kurz: einer Epoche, in der mächtige Energien freigesetzt wurden.

Ein schwacher Luftzug dieser kühnen Tage war, wie es scheint, bis in den abgeschiedenen Flecken Hidingsta geweht, wo der Bauernsohn Lars Persson sich entschloß, nicht wie seine Väter wiederum Landmann zu werden, sondern eine Stelle als Finanzbeamter in Strängnäs anzutreten. Er nannte sich fortan nach seinem Heimatdorf «Hedin» und gilt seither als Stammvater der Familie – zumal es Lars Hedin war, der durch seinen Eintritt ins bürgerliche Leben die Grundlage für den sozialen Aufstieg der folgenden Generationen besorgte.

Anfangs ging das zwar langsam voran: sein Sohn, Sven Hedin (1683–1754), wurde Pfarrer, sein Enkel, Fredrik Hedin (1717–76), in Småland Gutsverwalter. Aber schon dieser konnte es sich leisten, seinen Sohn in Uppsala studieren zu lassen.

Die Begegnung mit Carl von Linné beeindruckte Sven Anders Hedin (1750–1821) dort so sehr, daß er im Gedenken an seinen Lehrer eine Reihe von Schriften verfaßte, von denen die 1808 erschienene «Minne af von Linné, Fader och Son» [Erinnerung an von Linné, Vater und Sohn] bis heute als Quelle der Forschung zitiert wird.[5] Er machte sich vermutlich Hoffnung, einmal selbst in Uppsala Professor zu werden. Doch dieser Wunsch zerschlug sich ebenso wie 1818 der auf die Erhebung in den Adelsstand durch Carl XIV. Johan. Gleichwohl: Sven Anders Hedin war wie sein Idol von Linné erster Leibarzt des Königs und hatte seine Familie, die unterdessen in Stockholm ansässig war, auf eine solche gesellschaftliche Höhe gehoben, daß man die Hedins von nun an immer wieder in der Nähe der «Großen» ihrer Zeit trifft.

Der Sohn Sven Anders Hedins, der ebenfalls Sven Anders hieß (1790–1834), war Kanzleirat und hatte ein Patenkind Gustafs III., des ausgefuchsten schwedischen ‹Musenkönigs›, zur Frau: Clara Elisabet Westman. Sie war die Tochter des Brauereibesitzers Abraham Westman, der reich an Geld und Einfluß war und sich obendrein als Gönner Carl Michael Bellmans, des anakreontischen Sängers, Verdienste um die Kunst erwarb. Bellman revanchierte sich gelegentlich mit Versen auf Westmans Frau Elisabet:

Klingen für Elisabet
jetzt der Laute goldne Saiten,
sing ich mit der stets bereiten
Dienerschaft froh um die Wett',
alle singen so beim Tranke
auf die Hausfrau, die sich naht;
Kinder, Lehrer und Herr Rat
und Herr Willman rufen «Danke!»[6]

Eines dieser fröhlich singenden Kinder war mithin Clara Elisabet Westman, nunmehr verehelichte Frau Kanzleirat Hedin. Das vierte Kind der Kanzleiratsfamilie aber war Abraham Ludvig Hedin (1826–1917), der spätere Vater des Asienforschers.

Abraham Ludvig Hedin hatte sich 1862 mit Anna Sofia Carolina Berlin aus Balkåkra in Skåne vermählt, der Tochter des Reichsbankdirektors und Reichstagsabgeordneten Christian Gissel Berlin. Dessen Großvater hatte den Familiennamen «Berlin» im Jahre 1771 nach seiner Einwanderung und Taufe in Malmö angenommen – vorher hatte er unter dem Namen Abraham David Brode als jüdischer Rabbiner in Frankfurt an der Oder gelebt. Seinem Ururenkel Sven Hedin gab er dadurch ein delikates Gewürz in die Erbmasse mit, denn ebenso wie noch Schwedens bedeutendster Dichter Esaias Tegnér 1823 die jüdische Herkunft der Berlins pointierte[7], spielten hämische Kritiker später gern auf diesen Urahn Sven Hedins an. Agnes von Krusenstjerna zum Beispiel persiflierte in ihrem Romanzyklus «Fröknarna von Pahlen» [Die Fräulein von Pahlen, 1930–35] unter dem Namen «Scholem Aleikoum Berlin» das semitische Erbe des Orientreisenden.[8] Da half auch die Rechenkunst seiner Schwester recht wenig: «Sven ist zu 15/16 Germane.»[9]

Es war eine wirtschaftlich stabile und musisch begabte Familie, in die Sven Anders Hedin am 19. Februar 1865 – einem Sonntag übrigens – als zweites von späterhin sieben Kindern hineingeboren wurde. Und es scheint, als habe die gemessene Stetigkeit des familiären Aufstiegs ins gehobene Bürgertum vor allem dazu beigetragen, daß Hedin in der Hötorgsgatan 1 Ecke Drottninggatan in einem Haushalt aufwachsen konnte, dessen Hauptcharakteristikum die selbstbewußte Gelassenheit war.

«Es ging», schreibt Alma Hedin, «einfach und anspruchslos zu, aber stets herrschte Ruhe und Frieden, Behaglichkeit und Glück. Und gearbeitet wurde! Ich kann mir kaum jemand denken, der mehr arbeiten konnte als unser Vater.»[10]

Abraham Ludvig Hedin war Architekt, und so lag es in der Natur seines

Sven Hedins Eltern Anna und Abraham Ludvig Hedin, 1905

Berufs, daß er mit Arbeit überhäuft war. Allein in den Jahren zwischen 1850 und 1870 nahm Stockholms Bevölkerungszahl auf Grund der allgemein wachsenden Geburtenziffer und der starken Landfluchtbewegung um ein Drittel zu und stieg von 93000 Einwohnern auf annähernd 136000. 1884 zählte man 200000 Städter, und um 1900 waren es 300000. Es entwickelte sich ein reger Dampfbootverkehr, und Jahr für Jahr wurden neue Eisenbahnlinien eröffnet. Banken wurden gegründet und Betriebe eingerichtet. «Welchen Aufschwung die Industrie nahm, kann man schon daraus ersehen, daß beim Zusammentreten der ersten Stadtverordnetenversammlung 1863 nicht weniger als fünfundzwanzig Fabrikanten der verschiedensten Branchen lediglich ungefähr zehn Kaufleute gegenübersaßen, und das bei hundert Mitgliedern.»[11]

Linkerhand das Geburtshaus Sven Hedins von Westen her gesehen. Ebenfalls auf der linken Seite verläuft die Hötorgsgatan, die heutige Kungsgatan, im Vordergrund die Drottninggatan; im Hintergrund liegt Hötorget. Aquarell von F. Lindström, 1925

Schweden erlebte eine nach außen hin zwar friedliche, im Innern aber hektische Umbruchs- wie auch Gründerzeit, die das Erscheinungsbild der Hauptstadt durch den Bau neuer Straßen und Häuser, Anlagen und Fabriken unübersehbar veränderte. August Strindberg hat die betriebsame Atmosphäre dieser Jahre 1879 in seinem Roman «Röda rummet» («Das rote Zimmer») wie in einer Nußschale eingefangen: «Unten im Hafen kreischten die Dampfkrane, in der Metallwaage rasselten die Eisenstangen, die Pfeifen der Schleusenwärter gellten, die Dampfer an der Schiffsbrücke qualmten, die Omnibusse polterten klappernd über das holprige Steinpflaster. Vom Fischmarkt her drang Lärmen und Schreien, Segel und Flaggen flatterten draußen auf dem Strom, von Skeppsholm ertönten Hornsignale, von Södermalmstorg die Rufe der Wache, auf der Straße zur Glasfabrik klapperten die Holzschuhe der Arbeiter ...»[12]

Alles war in einer brodelnden Gärung begriffen, in deren Wirtschaftswundergetöse die bürgerlich-aristokratische Oberschicht des Landes nicht noch für eine freche neue literarische Mode zu gewinnen war. Im Gegenteil: während ganze Scharen von jungen unangepaßten Autoren – man bezeichnet ihr konzertiertes Auftreten in Skandinavien kernbeißerisch als «Durchbruch» – ungestüm nach vorne drängten, vertiefte sich das schwedische Establishment geruhsam in die epikureische Rokoko-Lyrik Carl Michael Bellmans und in das idealistische national-romantische Gedankengut Tegnérs.

Die Klangfarbe jedoch der neuen Zeit war da schon längst komponiert. So ächzte ein Zuhörer nach der Aufführung von Franz Berwalds Symphonie Nr. 2 in g-Moll, der «Sérieuse», bereits im Jahre 1843: «Die bizarresten und ungewöhnlichsten Tonverbindungen jagen unaufhörlich einander, und das Ohr sucht vergeblich nach irgendeinem einfachen melodischen Satz zum Trotz und zur Entspannung in all diesem musikalischen oder vielleicht richtiger unmusikalischen Wirrwarr.»[13]

Von ähnlicher Bestürzung, ähnlicher Verlegenheit begleitet bildete sich in den Büchern Fredrika Bremers, Sophie von Knorrings und Emilie Flygare-Carléns ein kritischer Realismus heran, dem bald die ganze Welt gehörte. Wie es überhaupt bezeichnend ist für diese Zeit, daß sich jetzt Frauen zu Worte melden, die nicht länger bereit sind, in der Gemeinde zu schweigen. Angesichts ihrer mäeutischen Dienste bei der Geburt des realistischen Romans in Schweden ist es ein trauriger Treppenwitz der Geistesgeschichte, daß ausgerechnet ein so eingefleischter Frauenhasser wie August Strindberg nach wie vor in dem Ruf steht, die literarische Gesellschaftskritik in seiner Heimat aus der Taufe gehoben zu haben.

Er hatte nur in einer Epoche, die ohne scharfe Konturen war, am bissigsten den Part des Loki gespielt. An ihrem Anfang wurde der damals genialste schwedische Dichter, der liberale Carl Jonas Love Almqvist, erst aus dem Amt, dann außer Landes gedrängt; der mit ihm geistesverwandte klassizistische Epigone Viktor Rydberg blieb mit seinem elitären Pessimismus allemal ein Einzelgänger; und der erst zu-spät-romantische und dann halbherzig-realistische Carl Snoilsky ging an ihrem Ende hilflos in den wechselhaften Strömungen seiner Gegenwart unter. 1889 klagte er:

Stockholm heute, das ist Prahlen
Und ein aufgeregter Ton,
Überall sieht man den schmalen
Draht zu schrillem Telefon;
Neue Straßen, dicht an dicht
Neue Menschen und Gedanken –
All mein Denken kommt ins Wanken
Hier in diesem grellen Licht.[14]

Es war die Periode, in der sich das Agrarland Schweden zum Industriestaat mauserte und die Menschen sich tagtäglich auf neuartige Lebensbedingungen einstellen mußten. Sogar dem König, Oscar II., ging alles, wie er 1877 in einem Gedicht reklamierte, «Zu schnell»[15]. Zur ästhetischen Geschmacksbildung blieb da wenig Muße, und hinzukam, daß die Zielgruppe der littérature engagée völlig damit ausgelastet war, zunächst einmal lesen zu lernen.

Für die jedoch, die es sich leisten konnten, die dynamische Entwicklung außen vor zu lassen, stellte die Familie die alte heile Welt dar. In ihr verdichtete sich jenes Klima des Konservatismus, in dem Sven Hedin nun heranwuchs. Das Klappern der «Holzschuhe der Arbeiter» wurde da we-

Stockholm um 1872. Holzschnitt von O. A. Mankell

niger als Zeichen der neuen Zeit begriffen als das Licht der Gaslaternen, die kürzlich auf der Drottninggata installiert worden waren.

In die hermetische Gemütlichkeit des Hedinschen Elternhauses drang dennoch jede Woche Leben von außen, wenn die Brüder Abraham Ludvig Hedins zur Sonntagsvisite erschienen. «Die vier Brüder, ‹die Onkels›, hielten nach wie vor zusammen und waren regelmäßig jeden Sonntag bei ihrem verheirateten Bruder zu Gast; sie gehörten zu den teuersten Kindheits- und Jugenderinnerungen Sven Hedins und seiner Geschwister. Von den Eltern ihres Vaters wie ihrer Mutter her hatten die Brüder eine Tradition, ein Echo aus den Tagen Gustafs III., mit sich gebracht. Sie waren ritterlich und von einer altmodischen Artigkeit, sie liebten Poesie und Theater so sehr, daß einer von ihnen, Svante Hedin, Schauspieler wurde; das war für jene Zeit unerhört. Etwas von der verfeinerten Stimmung des Rokoko lag noch über ihnen, was die materiell gesinnte, kalte und trübe Zeit erhellt, in die unsere Kindheit fiel. Sie waren witzig und geistreich und besaßen einen unwiderstehlichen Humor. Der jüngste von ihnen, der Kanzleisekretär Alfred, ‹Appe› genannt, der ein wenig schriftstellerte,

fühlte sich sehr geschmeichelt, als ein Literaturkritiker ihn in seinen alten Tagen ‹den letzten Nach-Gustavianer› nannte.»[16]

Noch mit 59 Jahren erinnert sich Sven Hedin voll Lust an jene Kongregation, deren plüschig-spleenige Bonhomie jedermann sofort empfindet, der die Fotos der vier alten Herren betrachtet. *Welch heitere, frohe Reminiszenzen! Solche Menschen gibt es nicht in* unserer *Zeit! Jeder einzelne dieser Männer war ein altes Stockholmer Original, in des Wortes vornehmster Bedeutung.*[17]

Sie repräsentieren ein fest in sich ruhendes, kunstsinniges Bürgertum, und die frivole Tatsache, daß Svante Hedin «gelinde gesagt säuische»[18] Briefe von «Calle» alias König Carl XV. empfing, erschien ihnen zwar sicherlich als shocking, dürfte aber im Grunde das einzige Irritamentum ihres Daseins gewesen sein. Nichts deutet darauf hin, daß die Familie den jungen Sven Hedin jemals mit den immer größer werdenden sozialen Problemen und den immer lauter werdenden ideologischen Akkumulationsgeräuschen Schwedens konfrontiert hat – *ich war damals ein Schuljunge*, erinnert sich Hedin 1950, *der nicht viel für die politischen Tagesfehden*

Die «Onkels», v. l. n. r. Alfred, Henrik, Svante Hedin, 1886

übrig hatte[19]. Er besaß ohnehin – nach anfänglichen Schwierigkeiten in der Pennälerkarriere – inzwischen ganz andere Interessen!

So schreibt Sven Hedin, beginnend mit einer vielsagenden ciceronischen Wendung, 1925 in *My Life as an Explorer* (*Mein Leben als Entdecker*):

Glücklich der Knabe, der schon in den ersten Schuljahren seinen späteren Beruf entdeckt. Dieses Glück war mir beschert. Schon im Alter von zwölf Jahren sah ich mein Ziel ziemlich deutlich vor mir. Meine besten

Freunde waren Cooper und Jules Verne, Livingstone und Stanley, Franklin, Payer und Nordenskiöld, besonders die lange Reihe der Helden und Märtyrer in der Geschichte der Polarforschung. Damals war Nordenskiöld auf seiner kühnen Fahrt nach Spitzbergen, nach Nowaja Semlja und an die Mündung des Jenissei. Ich war gerade fünfzehn Jahre, als er in meine Vaterstadt Stockholm zurückkehrte, nachdem er die Nordostdurchfahrt vollendet hatte.

... Am 24. April 1880 lief die «Vega» in Stockholms «Strom» ein. Die ganze Stadt war illuminiert. Die Häuser rings um den Hafen flammten im Schein unzähliger Lampen und Fackeln. Auf dem Schloß leuchtete in Gasflammen das Sternbild der «Vega». Mitten in diesem Lichtermeer glitt das berühmte Schiff in den Hafen.

Mit meinen Eltern und Geschwistern stand ich auf den Bergen von Södermalm, von wo wir eine beherrschende Aussicht hatten. Größte Spannung hatte mich erfaßt. Mein ganzes Leben lang werde ich an diesen Tag zurückdenken; er wurde entscheidend für meinen künftigen Weg. Von Kais, Straßen, Fenstern und Dächern dröhnte donnernder Jubel. «So will auch ich einst heimkommen», dachte ich.

Von nun an vertiefte ich mich in alles, was von Polarfahrten handelte. Ich las alte und neue Bücher über den Kampf um den Pol und zeichnete Karten von jeder einzelnen Expedition. Ich wälzte mich während unserer nordischen Winter im Schnee und schlief bei offenen Fenstern, um mich abzuhärten. Wenn ich erst erwachsen und ausgebildet war und es kam ein wohlwollender Mäzen und warf mir einen Sack voller Goldstücke vor die Füße mit den Worten: «Such' den Nordpol!», dann wollte ich mit Leuten, Hunden und Schlitten mein eigenes Schiff besteigen und durch Nacht und Eisfelder geradeswegs auf den Punkt zugehen, wo immer nur Südwind weht.[20]

Das war – ein Jahr nach Strindbergs «Röda rummet» – beileibe nicht der Geist der Zeit, aus dem heraus zum Beispiel schwedische Maler auf ihren Bildern Wäscherinnen und Schmiede, Köchinnen und Kutscher, Schuhmacher und Weber zeigten. Das war vielmehr nach wie vor jener heroische Idealismus, der aus den Werken des schwedischen Nationaldichters Esaias Tegnér sprach. 1817 hatte der «Die Polarreise» mit der Strophe eingeleitet:

Um Gewißheit zu erringen
Will zum Pol der Forscher dringen,
Wagen jegliche Gefährde,
Bis er auf der Stirn der Erde
Steht, und aus der Wesen Grab
Misset Erd' und Himmel ab.[21]

Zwar sollte Sven Hedin tatsächlich einmal «Erd' und Himmel» abmessen, aber da stand er nicht am Pol, sondern auf einem Paß im tiefinnersten Asien ...

Lehr- und Wanderjahre

Der Weg nach Asien war lang, und es verging noch mehr als ein Jahrzehnt, bis Sven Hedin zu seiner ersten Expedition endlich aufbrechen konnte. Dennoch steuerte er sein Ziel, ein Held wie Nordenskiöld zu werden, unermüdlich an. Zu Hilfe kam ihm dabei, daß er begabt war mit schöpferischer Phantasie, erzählerischer Suggestionskraft und zeichnerischem Talent – und daß diese mehrfache Begabung im Dienste einer Besessenheit stand, dem desiderium incogniti, der Sehnsucht nach dem Unbekannten, die viele seiner Zeitgenossen teilten, ohne sie indes wie er jemals erfüllen zu können.

Schon als Dreizehnjähriger hatte Sven Hedin begonnen, Landkarten zu zeichnen; nach dem «Vega»-Erlebnis von 1880 aber wurde er – nach eigenen Worten – *von einem wahren Größenwahn*[22] gepackt: er fertigte einen Weltatlas an, der in sechs dicken Bänden Hunderte von Karten enthält.

Was anfangs nur der spielerische Versuch war, sich fremde Länder auf dem Papier gleichsam zu erschließen, brachte dem Jungen unter Freunden und Bekannten der Familie freilich bald den Ruf eines sachkundigen Kartographen ein. «Eine Karte von Ägypten und dem ganzen Nilbecken illustrierte einen Vortrag des Professors der vergleichenden Sprachwissenschaft H. N. Almqvist. Diese Karte wurde zu Hause gezeichnet; sie nahm den ganzen Fußboden des Eßzimmers ein, und der Zeichner mußte sich bei der Arbeit der Länge lang hinlegen. Während die Arbeit im Gang war, kam eines Tags der Direktor der Schule, die Sven besuchte, zu Stadtarchitekt Hedin, um eine Bauangelegenheit zu besprechen. Er war sehr erstaunt, als er seinen Schüler mit einer Arbeit beschäftigt fand, die gediegene Vorstudien und große Sorgfalt erforderte. Keiner in der Schule hatte eine Ahnung von seinen Kenntnissen auf diesem Gebiet . . .»[23] Aber jedermann wußte, daß der Gründer der Schule, der pietistische Erwekkungspriester Gustaf Emanuel Beskow, 1861 ein Buch mit dem Titel «Reseminnen från Egypten» [Reiseerinnerungen aus Ägypten] geschrieben hatte.

Um so nachdrücklicher muß sich Rektor Bergman das geographische Interesse und externe Engagement jener ‹wissenschaftlichen Hilfskraft› eingeprägt haben! Denn als sich 1885 der auf den Nobelschen Ölfeldern

Sven Hedin mit Studentenmütze kurz vor der Abreise nach Balakani, 1885

am Kaspischen Meer beschäftigte Ingenieur Johan Sandgren mit der Bitte an ihn wandte, ihm einen Mann vorzuschlagen, der geeignet war, seinen Sohn als Hauslehrer nach Balakani nördlich von Baku zu begleiten, da empfahl er ihm den in Kürze frischgebackenen Abiturienten Hedin.

Sven Hedin erfuhr dadurch das Glück des Tüchtigen – die zeitliche Koinzidenz von Angebot und Abitur war zum Beispiel nur möglich, weil Sven Hedin im Laufe seiner Schulzeit einmal sitzengeblieben war –; wie überhaupt dieser Vorgang einen für das Lebenswerk Hedins nahezu prophetischen Charakter besitzt. Denn Sven Hedin erhielt den Auftrag nicht etwa auf Grund einer hervorragenden intellektuellen Leistung – sein Reifezeugnis war mittelmäßig –, sondern deshalb, weil er seine Umwelt mit einer materiellen Großtat beeindruckt hatte: die Menge der von ihm gezeichneten Karten zählte man in Hunderten, ihr Format gab Alma, seine Schwester, gern in Quadratmetern an.

Das Dörfchen Schapur in Persien. Federzeichnung von Sven Hedin, 1886

So hatte also Bergmans assoziative Verbindung von Größe und Geographie dem zwanzigjährigen Sven Hedin eine Stelle vermittelt, von der man im nachhinein sagen kann, daß sie für Sven Hedin besser geeignet war als Sven Hedin für sie.

Am 15. August 1885 hatte die Kavaliersreise im Hafen von Stockholm begonnen, und schon im nächsten April hat der quicke Hauslehrer seine Schuldigkeit getan. Dazwischen war er wochenlang krank, und im Winter vernachlässigte er gar sein Amt *und zog es vor, Ausflüge zu Pferde zu machen und die Tataren in ihren kahlen Dörfern zu zeichnen*[24]. Er lernte die Sprache dieser Leute, lernte Russisch und Persisch, und statt am Ende seiner Dienstfahrt von Balakani nach Schweden zurückzukehren, entschloß er sich, durch Persien und Mesopotamien zu reiten: von Teheran nach Schiras und Buschir, von dort nach Basra und Bagdad, dann nach Kirmanschah und zurück nach Teheran. Am 18. Juli war er wieder bei den Sandgrens. *Ich hatte 3000 Kilometer zurückgelegt, durch Wüsten, über verschneite Berge, Meer und Flüsse, ganz allein. Ich hatte sechzig Pferde auf gefährlichen Wegen geritten, oft im wildesten Galopp, ohne Schaden zu nehmen, durch Gegenden Nordarabiens, wo Beduinen umherschweifen, ohne ausgeplündert zu werden, durch heiße, ungesunde, von der Pest heimgesuchte Gegenden, ohne krank zu werden, in der heftigsten Sonnenglut, ohne Sonnenstich zu bekommen, in kohlschwarzer Nacht, und oft auf dem Pferderücken eingeschlafen, ohne hinunterzufallen und mir das Genick zu brechen; ich habe reißende Flüsse durchquert, ohne daß das Pferd den Boden unter den Füßen verlor, von der Strömung mitgerissen wurde und ertrank; ich war dem Mißgeschick entgangen, auch nur ein Pferd zuschanden zu reiten und dadurch in Geldungelegenheiten zu kommen, ich habe mich mit Arabern und türkischen Soldaten geschlagen und bin mit heiler Haut davongekommen, ohne den Revolver ziehen zu müssen.*[25]

Mußte der Familie, der solches im Brief vorausgeschickt war, bei der Heimkehr ihres Sohnes am 18. September 1886 nicht ein unerschütterlicher Held der Art erscheinen, die Tegnér einst sagen ließ:

Und so geh' ich, stets der Gleiche,
Mögen Haß und Lüge toben,
Wie das Schicksal mir bestimmt[26]?

Sven Hedin jedenfalls, dessen «Ausdruck und Zeichensetzung!!»[27] ein Lehrer noch 1885 mit roter Tinte bemängelt hatte, schrieb in der richtigen Einschätzung der Tatsache, daß eine Heldentat erst als solche gerühmt werden kann, wenn andere von ihr erfahren, ein Buch von 461 Seiten über seine Reise *Genom Persien, Mesopotamien och Kaukasien* (*Durch Persien, Mesopotamien und Kaukasien*, 1887). Daneben nahm er – anfangs in Stockholm, hernach in Uppsala – das Studium der Geologie und Mineralogie, Kristallographie und Zoologie auf. Außerdem studierte er Latein. Im Dezember 1888 konnte er sich bereits «Kandidat der Philosophie» nennen lassen.

Bald darauf – er hatte unterdessen eine kommentierte Übersetzung von Nikolai M. Prschewalskijs Reiseberichten aus Innerasien in Angriff genommen, Fridtjof Nansen in Oslo *im Namen Schwedens*[28] gehuldigt und sich am Stockholmer Orientalisten-Kongreß von 1889 beteiligt – bekräftigte das Schicksal zum zweitenmal, daß Sven Hedin ein Sonntagskind war: als König Oscar II. dem Schah von Persien 1890 die Insignien des Seraphinenordens überreichen lassen wollte und man zu diesem Zweck eine Delegation zusammenstellte, die von einem Dolmetscher begleitet werden sollte, erinnerte man sich in der Regierung des damaligen schwedischen Ministerpräsidenten Åkerhielm an das jüngst erschienene Persien-Buch von Sven Hedin. – Der Autor wurde dem Monarchen vorgestellt und dürfte bei dieser Gelegenheit auch die mehr als ein Jahrhundert alte Beziehung seiner Familie zum Königshaus erwähnt haben.

Gleichwohl: trotz dieses günstigen Entrees zog sich die Verhandlung über Sven Hedins Teilnahme an der Gesandtschaft ein paar Monate lang hin, so daß er ab Oktober 1889, um – wie Alma Hedin es nonchalant formulierte – «die Wartezeit in der besten Weise anzuwenden»[29], noch ein

Ferdinand von Richthofen

wenig weiterstudierte. Diesmal bei dem weltberühmten Professor der physischen Erdkunde Ferdinand Freiherrn von Richthofen in Berlin.

Kaum aber hatte sich Hedin in der Reichshauptstadt eingelebt, fuhr er wieder heimwärts nach Stockholm, wo er pro forma zum Vizekonsul ernannt und mit einer Diplomatenuniform ausgestattet wurde. Am 12. April 1890 brach er dann abermals gen Persien auf. «Es war ja wie ein Märchen, daß er in offizieller Eigenschaft in das Land zurückkehren durfte, das er fast wie ein Strolch durchstreift hatte.»[30]

Und wirklich! – wie eine Szene aus «Tausendundeine Nacht» gestaltete sich schon der Einzug der Nordmänner in Teheran: *Unsere Kavalkade ritt durch das Stadttor, dessen Türme mit Fayencen geschmückt sind, und folgte einer Biaba, d. h. einer Platanenallee. Dort standen zu beiden Seiten des Weges Massen von Teheraner Bürgern, Eseltreibern und Derwischen und betrachteten unsere glänzenden Uniformen und die schönen Pferde, die, von all der Bewegung und der Musik belebt, uns elegant tänzelnd auf das angenehmste zum Portal des Gartens trugen, in dem das Schloß Emaret Sepa Salar, das uns für den Aufenthalt in Teheran bestimmte Quartier, unser wartete. Die Wände in der Eingangshalle waren mit unzähligen dreieckigen Stücken aus rubinrotem Glas bedeckt. Eine mit Teppichen belegte Marmortreppe führte zum Hauptgeschoß, wo wir in einem riesengroßen Saal nochmals begrüßt wurden. Hier waren die Wände und die Decke mit Spiegelglas ausgelegt, während der Fußboden unter einem märchenhaften Teppich verschwand und gläserne Kronleuchter von der Decke herabhingen. Wenn die Abendsonne durch die drei mächtigen auf den Garten hinausgehenden Fenster spielte, entstanden die zauberischsten blendenden Lichtwirkungen, und man konnte meinen, in die Sonnengrotte einer überirdischen Welt versetzt zu sein.*[31]

Der fünfundzwanzigjährige Vizekonsul Schwedens – in Persien bekannt unter dem Namen «Agha Sven Hedin aus Istokolom»[32] – genoß die Aura des Königs der Könige. Er wurde in der Gegenwart des Schah zum Offizier ernannt, plauderte mit ihm über die Huri von Schiras, begleitete ihn auf sein Lustschloß im Elburs-Gebirge, bestieg am 11. Juli 1890 den Demavend ... und war doch längst aufs neue vom desiderium incogniti gepackt.

Mit Geld von seinem Gastgeber versehen zog er am 9. September von Teheran nach Meschhed los, von dort nach Buchara und Samarkand und dann weiter nach Taschkent und Kaschgar am Westrand der Wüste Taklamakan. Er besuchte das Grab des vor zweieinhalb Jahren gestorbenen Prschewalskij am Ufer des Issyk-kul; aber da war er bereits auf dem Wege nach Hause. Am 29. März 1891 kam er wohlbehalten in seiner Heimatstadt an. – Alma Hedin resümierte: «Vom wissenschaftlichen Gesichtspunkt aus war die Reise nicht von besonders hohem Wert.»[33]

Dennoch verstand es Sven Hedin auch diesmal, sein Unternehmen wirksam zu vermarkten: er schrieb 479 Seiten über *Konung Oscars beskickning till schahen af Persien år 1890* (*König Oscars Gesandtschaft an den Schah von Persien im Jahre 1890*, 1891) und – auf zwei Bände verteilt – 530 Seiten über seinen Ritt *Genom Khorasan och Turkestan* (*Durch Chorassan und Turkestan*, 1892/93). Darüber hinaus hielt er in Stockholm eine Reihe von Vorträgen, unter anderem über seine Demavend-Besteigung, von der er auch erzählte, als der Stockholmer Versicherungsdirektor Sven Palme am 5. Oktober 1891 in seinem Haus ein Essen gab. Neben Sven Hedin war August Strindberg anwesend. Dabei machte der zu dieser Zeit gleichermaßen berühmte und berüchtigte Dichter auf den jungen Abenteurer freilich so wenig Eindruck, daß Sven Hedin in späteren Jahren nur mit Mühe rekonstruieren konnte, wann dieses einzige persönliche Zusammentreffen stattgefunden hatte. Er erinnerte sich nur noch, daß *von der Reise nach Chinesisch-Turkestan*[34] die Rede war – daß Strindberg damals schon Munition für seine künftigen Attacken auf Sven Hedin sammeln könnte, wäre dem treuherzigen Helden nicht im Traum eingefallen. Viel zu intensiv war er damit beschäftigt, die letzte Reise abzuwickeln und die nächste Großtat vorzubereiten. Er war regelrecht in Zeitnot.

Adolf Erik Nordenskiöld

Denn bevor er die für 1893 geplante Expedition nach Innerasien antreten konnte, galt es, sein bislang reichlich locker organisiertes Studium seriös abzuschließen.

Sven Hedin fuhr deshalb Ende April 1892 erneut nach Berlin.

Einer Empfehlung Nordenskiölds, den er inzwischen mit *Onkel*[35] anzureden pflegte, bedurfte es – anders als vor drei Jahren – jetzt nicht mehr. Denn noch immer bewunderte man in Richthofens Geographischem Institut am Schinkelplatz die 1890 von Hedin gezeichnete riesenhafte Übersichtskarte zu den Reisen Prschewalskijs, «ein Muster von Fleiß, Genauigkeit und Energie»[36]; noch immer war sein zweistündiger Vortrag zu diesem Thema im Gedächtnis der Kommilitonen und des *großen Meisters*[37] in Berlin. Aus weiter Entfernung hatte Richthofen deshalb versucht, behutsam die Bahn seines Schülers zu lenken, und ihm bis nach Taschkent gewisse Bedenken nachgesandt: «Mit lebhaftem Interesse und warmer Sympathie werde ich allen Ihren ferneren Schritten folgen. Hoffentlich werden die wissenschaftlichen Erfolge nicht ausbleiben. Ich bedaure, daß Sie über dem Größeren, was Sie jetzt thun, die Studien über Alpen-Geologie mit Heim und Teller zurücksetzen mußten. Sie werden nun, was Gebirgsstudien betrifft, zwar mit guten Vorstudien, aber doch etwas als Autodidakt, vorgehen müssen ...»[38]

Als Sven Hedin Anfang Mai des Jahres 1892 seine Studien in Berlin wieder aufnahm, konnte er zwar sowohl mit druckfrischen Exemplaren eines neuen Buches, *des Gesandtschaftsbuchs*[39], als auch mit einer Fülle von Konversations- und Vortragsstoff aufwarten. Aber Richthofen scheint bei aller Bewunderung der sportiven Leistungsfähigkeit seines Schülers dringende Zweifel an seinen akademischen Qualitäten besessen zu haben. Um ihn deshalb während einer längeren Abwesenheit von Berlin in fortgesetzter Ausbildung zu wissen, empfahl er Sven Hedin, einige Vorlesungen bei dem Geographen Alfred Kirchhoff in Halle zu belegen.

Im Juni teilte der Studiosus deshalb seinen Eltern mit: *Wenn ich somit vom 1. Juli an in Berlin nichts mehr zu tun haben werde, so komme ich doch nicht nach Hause, sondern reise an einem der ersten Tage nach Halle, um die Bekanntschaft von Herrn Professor Kirchhoff, einem der bekanntesten deutschen Geographen, zu machen. Dort bleibe ich drei oder vier Wochen und höre seine Vorlesungen bis zum Schluß, Ende Juli.*[40] Da aber, Ende Juli, kam zur Verblüffung der Familie aus Halle ein Telegramm: *Doktor der Philosophie*[41].

Auf dem Gipfel des Demavend. Bleistiftzeichnung von Sven Hedin, 1890

Wie Sven Hedin diesen Coup bei Kirchhoff bewerkstelligt hat, ist weder seinen eigenen Schriften noch den Arbeiten seiner Biographen zu entnehmen. Ratlos schreibt 1978 einer der letzten von ihnen, Eric Wennerholm: «Ich kann zu keinem anderen Ergebnis kommen, [als] daß Sven den Dr. phil. mit 27 Jahren nach einem zusammengerechnet nur achtmonatigen Studium und dem eineinhalbtägigen Sammeln von Primärmaterial auf dem schneebedeckten Gipfel des Demawend bekam.»[42]

Hinzuzufügen ist, daß die Dissertation *Der Demavend nach eigener Beobachtung* ganze 28 Seiten lang ist. Sie ist, was niemand bis heute gemerkt hat, eine dreiste, weil Wort für Wort ins Deutsche übersetzte, Kurzfassung jener 49 Seiten, die Sven Hedin bereits 1891 in seinem Buch *Konung Oscars beskickning till schahen af Persien år 1890* über die Besteigung des

Eine Karawane des Schahs auf dem Weg durch das Elburs-Gebirge. Federzeichnung von Sven Hedin, 1891

Demavend veröffentlicht hatte. Und sie gibt als Ergebnis eine Höhenmessung an, die Sven Hedin ein halbes Jahrhundert später beiläufig um 200 Meter korrigierte.[43] Da hatte er auch schon Richthofens Warnung aufgegriffen und eingeräumt, er sei *in der wissenschaftlichen Ausbildung nur ein elender Dilettant*[44] geblieben.

Das Publikum dürfte diese Bemerkung als neckische captatio benevolentiae eines alten Profis aufgefaßt haben; dabei enthält sie jedoch die reine Selbsterkenntnis des Autors. Und seine hallische Parforce-Promotion ist ein Beispiel dafür, wie Sven Hedin seine Umwelt durch Charme und Vitalität so zu blenden vermochte, daß seine wissenschaftliche Leistung nicht eigentlich als das erschien, was sie in Wirklichkeit war. Seine Dissertation jedenfalls ist bei klarer Sicht betrachtet nichts als das Schelmenstück eines flotten Studikers.

Er sah das später ähnlich und schrieb 1938 über seinen Doktorvater: *Bei ihm zu bestehen, war keine Kunst für einen, der zwei Reisen in Persien unternommen hatte, bis Kaschgar vorgedrungen war und überdies bei Richthofen studierte.*[45]

Ausgebildet war Sven Hedin am Ende seiner Lehr- und Wanderjahre dennoch insofern, als er jetzt alle jene Eigenschaften besaß, die er im weiteren Leben unablässig demonstrierte: den Trieb, fremde Länder zu besuchen; den Mut, sich auf eigene Faust ins Ungewisse zu begeben; den Drang, von seinen Erfahrungen zu berichten; die Lust, sich im Kreise der «Großen» zu bewegen – und das Heil, in allen Dingen stets Erfolg zu haben.

Bis 1892 war Sven Hedin an die Grenzen Chinas geritten, er hatte drei Bücher geschrieben und ein viertes übersetzt; er war in Deutschland Dr. phil., in Schweden Vizekonsul a. D. und in Persien Offizier; er war der Schützling seines Königs, der Primus seines Lehrers und der cher cousin seines Idols.

Mit 27 Jahren hielt Sven Hedin – so schien es – den Beweis dafür in der Hand, wie sich Verdienst und Glück verketten.

Die erste Expedition

Glück und Verdienst waren auch die beiden Faktoren, die Sven Hedins Entschluß reifen ließen, eine Expedition nach Zentralasien zu leiten. Das Verdienst war wieder einmal *eine Riesenkarte*[46], die Sven Hedin – diesmal über Prschewalskijs Asienreisen – angefertigt hatte; das Glück lag in der Tatsache, daß er mit ihr 1884 die Aufmerksamkeit Nordenskiölds auf sich lenken konnte. *Ich wurde Nordenskiöld vorgestellt, er drückte mir die Hand und sagte einige anerkennende Worte über meine Karte. Eine Woge von Glückseligkeit durchzog da meine Seele! – Nach meiner ersten Reise in Asien, in den Jahren 1885 und 1886, träumte ich von nichts anderem als davon, eine Reise auszuführen ähnlich den von Prschewalskij unternommenen.*[47]

Sven Hedins Route auf der ersten Expedition 1893–1897. Nach E. Norin, 1954

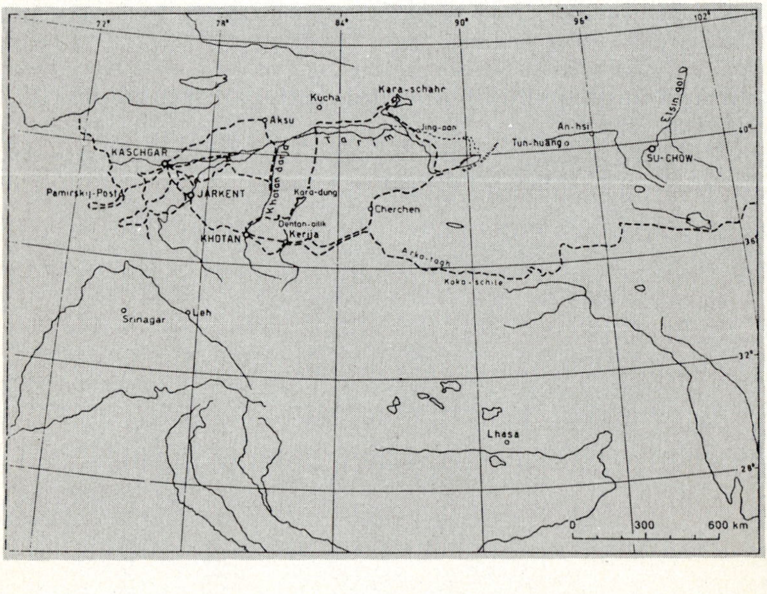

1893 in Taschkent

Der Traum verfestigte sich bald zum Wunsch und der Wunsch zum Plan. Und als dann Sven Hedin 1889 bei dem ausgewiesensten Kenner Innerasiens, bei Richthofen in Berlin, zu studieren begann, ventilierte er bereits die Anmarschwege der Expedition. *Richthofen ist sehr für meinen Reiseplan interessiert. Er will, daß ich versuchen solle, von Tibet aus einen südlicheren Weg zu nehmen, um die Quellgebiete der indochinesischen Ströme Jang-tse-kiang, Mekong, Saluen, Irawaddi zu untersuchen. Er sagt, daß dies Gebiet vielleicht das größte, wichtigste und schönste Problem sei, das auf der ganzen Erde noch gefunden werden kann.*[48]

Auch wenn Sven Hedin mit Richthofen in dieser Sache einer Meinung war, hatte sich sein Interesse auf Grund der tiefen Eindrücke bei seinem ‹Abstecher› nach Kaschgar im Dezember 1890 zunächst auf den Pamir gerichtet, von dem Marco Polo am Ende des 13. Jahrhunderts unvergeßlich geschrieben hatte, seine Berge seien so hoch, «daß man keine Vögel in der Nähe der Gipfel sieht»[49].

In erster Linie der Erforschung des Pamir galt daher die Reise, die Sven Hedin um Mitternacht des 16. Oktober 1893 in Stockholm begann. Über Åbo (Turku) in Finnland ging es mit der Bahn nach Rußland, von St. Petersburg weiter nach Moskau und Orenburg. Hier kaufte sich Hedin einen Tarantas, ein Mitteldings zwischen einer Kutsche und einem Lastkarren, stopfte ihn mit Heu und Matten und Kissen aus und fuhr gut gepolstert – *adieu, Europa!*[50] – quer durch die herbstliche Steppe nach Südosten, am Aral-See vorüber, bis nach Taschkent.

So wie er es bereits 1890 getan hatte, füllte er in Taschkent seine Ausrüstung auf und setzte dann am 25. Januar 1894 die Reise nach Margelan fort. Hier ließ er den Tarantas stehen und mietete sich statt dessen acht Pferde; auch zwei Diener wurden jetzt in Lohn genommen, darunter Islam Bai aus Osch, der Sven Hedin von nun an durch den Pamir und das Tarim-Becken nach Peking und von dort noch bis nach Urga (Ulan-Bator) am Nordrand der Wüste Gobi begleiten sollte. *Die Dienste, die er mir geleistet, sind unzählig, und ohne ihn hätte meine Reise nicht so glücklich geendet, wie sie es that.*[51]

Mit dieser vorerst kleinen Karawane zog Sven Hedin in den Pamir hinauf zur russischen Garnison Pamirskij Post, die er nach einem kurzen Aufenthalt in fröhlicher Kasinolaune am 9. April 1894 verließ, um auf chinesischem Gebiet endgültig in terram incognitam vorzustoßen, zum «Vater der Eisberge», dem Mus-tag-ata. *Wir rüsteten uns zu einem ordentlichen Feldzuge gegen den Mus-tag-ata und nahmen uns vor, den Riesen zu besiegen, koste es, was es wolle.*[52]

Begleitet von seinen beiden Dienern, ferner sechs Kirgisen, einer Anzahl von Schafen und Jaks, die mit den Instrumenten, dem Proviant und den Zelten übervoll beladen waren, stieg Sven Hedin unter widrigen Wetterverhältnissen bis auf eine Höhe von 5336 Metern. Da aber brach sein altes Augenleiden, eine Entzündung der Regenbogenhaut, wieder her-

Das Stadttor in Kaschgar. Federzeichnung von Sven Hedin, 1894

vor, was ihn zwang, das großangelegte Unternehmen abzubrechen und in einem sechstägigen Eilmarsch nach Kaschgar zu reiten. Zum erstenmal auf dieser Expedition *kam mir meine Karawane wie ein Leichenzug vor*[53].

In der ihm seit 1890 vertrauten Umgebung Kaschgars blieb Sven Hedin 50 Tage, um zu genesen. Er residierte im Haus seines Freundes Petrowskij, des russischen Generalkonsuls; er las und schrieb Briefe und führte lange Gespräche mit den pittoresken outpost-Charakteren in dieser Kommune am Rande der Wüste. Militärs und Missionare wohnten da eng beieinander, Russen und Chinesen, ein ehemaliger Mohammedaner, der nach seinem Übertritt zum christlichen Glauben zwei Jahre lang in Schweden gelebt hatte, gegenwärtig die Bibel ins Kaschgarisch-Türkische übertrug und abends auf der Geige spielte; ein polnischer Katholik, der seit zehn Jahren vergeblich die Menschenfischerei betrieb (*Er selbst prahlte damit, ein altes sartisches Weib auf dem Totenbette bekehrt zu haben, aber böse Zungen behaupteten, die Alte sei schon todt gewesen, als er sie bekehrt habe*[54]); und schließlich noch ein sonderbarer holländischer Pater, der in der Karawanserei ein fensterloses Stübchen besaß.

Nikolai M. Prschewalskij

Im Kreise dieser heiteren Sezessionisten erholte sich Sven Hedin prächtig, denn im Grunde seines Wesens war er ja einer von ihnen. *Es freute mich*, sagte er von dem Pater Hendricks, *ihn zu treffen, und wir saßen oft beieinander und philosophirten, denn ich war ebenso allein wie er.*[55]

Nachdem am Ende alle Karten gezeichnet, alle Notizen geordnet, alle Briefe abgeschickt waren – auch zwei wissenschaftliche Abhandlungen waren in Kaschgar entstanden – und nachdem Sven Hedin ein Galadiner bei dem chinesischen Gouverneur – es gab Schweinefleisch in Zucker (*Schweinekonfekt*[56]) – den Geschmack am längeren Verweilen in der Stadt verdorben hatte, machte er sich am 21. Juni 1894 auf, seine Erkundung des Pamir dort fortzusetzen, wo er sie vor zwei Monaten unterbrochen hatte.

Drei Anläufe nahm er noch, den 7546 Meter hohen Mus-tag-ata zu besteigen, aber höher als bis auf 6300 Meter kam er nicht: jedesmal zwang ihn das Wetter unter dem Gipfel zur Umkehr. So wendete sich Sven Hedin ein wenig nordwärts, wo er den kleinen Kara-kul-See auslotete und zu diesem Zweck unter den entsetzten Augen der Kirgisen, die etwas Derartiges ihr Lebtag nicht gesehen hatten, ein spilleriges Segelboot baute.

Allmählich aber nahte der Herbst. Sven Hedin hatte 103 Tiefenmessungen durchgeführt und ritt befriedigt nach Kaschgar zurück, um die dringend notwendigen Vorbereitungen für seine Durchquerung der Wüste Takla-makan zu treffen. Er wollte prüfen, ob Prschewalskijs vage kartographische Angabe von 1885 zutraf, daß sich das westlich von dem Fluß Chotan-darja gelegene Massiv Masar-tag als Bergkette nach Norden durch die Takla-makan bis zum Jarkent-darja-Fluß erstreckte.

Zuerst freilich mußten die jüngsten Forschungsergebnisse aus dem Pamir verbucht und teilweise nach Schweden übermittelt werden. Diese Arbeit und vor allem die Beschaffung robuster Kamele nahm so viel Zeit in Anspruch, daß die Karawane erst am 10. April 1895 von dem südöstlich von Kaschgar gelegenen Dorf Merket aufbrechen konnte. Sie bestand aus fünf Männern, acht Kamelen und zwei Hunden sowie ferner als mobilem Proviant aus drei Schafen, zehn Hennen und einem Hahn.

Wenn ich jetzt an diesen Aufbruch denke, schrieb Sven Hedin zwei Jahre später, *kann ich unsern Zug in der That mit nichts anderm als mit einem Leichenzuge vergleichen. Heute noch höre ich die Karawanenglocken mit dumpfem, unheimlichem Klange in langsamem, feierlichem Takte wie zum eigenen Begräbnisse der Karawane läuten. Was war auch in Wirklichkeit das Ziel, das die meisten von uns dort in den Wüsten des fernen Ostens erwartete, anders als ein stilles Grab, im ewigen Sande bereitet!*[57]

Mit diesem martialisch-düsteren Stimmungsbild des Auszugs in die Wüste beginnt die Darstellung eines haarsträubenden Abenteuers, das Sven Hedin nach seiner Publikation mit einem Schlag in aller Welt berühmt gemacht hat: bei den einen erweckte sein Bericht hurrapatriotischen Jubel, die anderen fanden darin einen Quell ihres beißenden Spotts. Das Stichwort hieß in jedem Fall *stövlarna, die Stiefel* ... und Sven Hedin gab es selbst.

Nachdem er in Merket allzu lange auf taugliche Kamele gewartet hatte, war die Jahreszeit so weit vorangeschritten, daß er die Wüste unter denkbar ungünstigen klimatischen Umständen betrat. Auch stellte sich unterwegs heraus, daß er die Tiere zu schwer beladen hatte, daß sein Kartenmaterial unpräzise war, daß er die Marschgeschwindigkeit der Karawane zu optimistisch eingeschätzt hatte und daß zumindest einer seiner Leute – ausgerechnet «Jolltschi», «der Wegweiser»! – nicht so diszipliniert war, wie er bei dieser Kampagne hätte sein müssen (er war, was Sven Hedin wußte, ein berüchtigter Räuber).

So potenzierte ein Fehler den nächsten, und es dauerte nicht lange, da hatte die Karawane eine Insolation von 63,5 Grad zu ertragen. Der Sand war 52,7 Grad heiß, und die Dünen ragten an etlichen Stellen 60 Meter empor. Zwei Wochen mußten sich Tiere und Menschen durch dieses Inferno schinden, bis Sven Hedin dahinterkam, daß Jolltschi aus Bequemlichkeit in Merket die Wasserkanister nicht hinreichend gefüllt hatte.

Zuerst starben nun die Kamele; das letzte Schaf und den Hahn schlachtete man, um ihr Blut aufzusaugen. Es war gespenstisch: *Ausgemergelt, mit blödsinnigem Gesichtsausdruck und starren Augen saß Jolltschi vor dem Zelte und kaute an den feuchten Lungen des Schafes. Seine Hände waren blutig und das Gesicht ebenfalls mit Blut befleckt.*[58]

Er hatte keine Kraft mehr, sich weiterzuschleppen, und so wurde er mit Mohammed Schah, der bereits im Koma lag, auf Nimmerwiedersehen zurückgelassen. Auch Islam Bai blieb auf der Strecke – als letzter gab am 5. Mai Kasim Achun auf, obwohl Sven Hedin an diesem Tag – einem Sonntag übrigens! – den Uferwald des Chotan-darja erreicht hatte. Gestützt auf einen Spaten zog er jetzt allein weiter und fand am Abend – dreizehn Tage später als berechnet – endlich Wasser.

Nie ist das Leben mir schöner, reicher und werthvoller erschienen als in dieser Nacht im Bette des Chotan-darja. Die Zukunft lächelte mich wie in einem Lichtmeere an. Es verlohnte sich, zu leben, und das Gerede, die Erde sei ein Jammerthal, war in meinen Augen eine leere Fabel. In dem verzückten Zustande, in dem ich mich befand, war es mir, als habe mich ein Engel des Himmels durch das nächtliche Dunkel nach dem kleinen Tümpel geführt, und ich glaubte, das Rauschen seiner Flügelschläge zu hören.

...

Doch nun flog der Gedanke zu dem sterbenden Kasim zurück, der hinten im Walde lag und mit dem Tode kämpfte, ohne im Stande zu sein, sich zu bewegen, geschweige denn, den dreistündigen Weg bis zum Wasser zurückzulegen. Er bedurfte baldiger Hülfe. Die Blechbüchse war zu klein; sie hätte ihn das Wasser nur flüchtig kosten lassen. Was war zu thun? Wie würde ich ihm eine hinreichende Menge Wasser bringen können?

Die Stiefel! Natürlich, meine schwedischen, wasserdichten Stiefel! Sie waren ebenso gut und ebenso sicher wie irgendein anderes Gefäß. Mit einem Plumpse tauchten sie in das Wasserbecken hinab; dann zog ich die Strippen auf die Enden des Spatenstiels, trug ihn auf der rechten Achsel und wanderte leichten Schrittes eilig den Weg, den ich gekommen, zurück.

...

Als ich bei Kasim anlangte, lag er noch in derselben Stellung, wie ich ihn verlassen hatte. Er betrachtete mich anfangs mit wild starrenden, blödsinnigen Blicken; doch als er mich erkannte, machte er eine Kraftanstrengung, kroch zu mir hin und flüsterte: «Ich sterbe!»

«Willst du Wasser haben?» fragte ich gelassen. Er schüttelte den Kopf und sank zusammen. Er ahnte nicht, was die Stiefel enthielten. Ich nahm den einen Stiefel und ließ ihn das Schwappen des Wassers hören. Er zuckte

«... und als ich ihm den Stiefelschaft an die Lippen setzte, trank er ihn in einem Zuge aus.» Tuschzeichnung der Stiefel-Szene von Sven Hedin; an der schwunglosen Ausführung erkennt man recht deutlich, daß sie der Autor später aus der Erinnerung angefertigt hat

zusammen, stieß einen unartikulirten Laut aus, und als ich ihm den Stiefelschaft an die Lippen setzte, trank er ihn in einem Zuge aus, und im nächsten Augenblick leerte er auch den andern.[59]

Nichts vermochte jemals mehr die perfide Zelebration eines Quellwunders aus *schwedischen, wasserdichten Stiefeln* an öffentlicher Wirkung zu übertreffen. Nichts auf späteren Fahrten, nichts auf dieser Fahrt. Weder Islam Bais unerwartete Rettung aus der Wüste noch das Kapitel *Ein Kriminalroman*[60] im zweiten Band des Reiseberichts; weder die erneute Durchquerung der Takla-makan noch die ersten Versuche, die wechselhafte topographische Erfassung des Lop-nor-Sees zu erklären (Richthofen sah das Problem entzückt schon «als gelöst»[61] an) – alles miteinander war nicht in der Lage, die Popularität jener nächtlichen Samariter-Geste zu schwächen.

Die Schilderung der Stiefel-Szene stellte alles in den Schatten: die skandalöse Stümperei, durch die sie ja erst möglich wurde, das – gelinde gesagt – Opfer von zwei Menschen und last but not least die schiere Sinnlosigkeit des ganzen Unterfangens. *Natürlich war es ein Wahnsinn*[62]! – Recht augenfällig wurde der, als Sven Hedin nicht wie geplant nach Tibet weiterging, sondern nach Kaschgar retirierte, weil er seine wichtigsten Instrumente im Wüstensand verloren hatte.

Wie man die Überlebenden in Kaschgar empfing, hat Sven Hedin entgegen seiner Gewohnheit diesmal nicht aufgeschrieben. Doch wie er am 10. Mai 1897 in Stockholm aufgenommen wurde, das ist sattsam überliefert: König Oscar II. verlieh dem Helden der Nation das Ritterkreuz des Nordsternordens in Brillanten und hielt am 15. Mai eine Rede auf Hedin. «Die Rede schloß mit der Aufforderung an die Anwesenden, als Herolde der Gefühle des schwedischen Volkes einzustimmen, wenn der König den Namen ‹Sven Hedin› rufe.»[63]

Es waren diese Gefühle, die dem Blick auf Sven Hedins Verdienst und Glück zunächst die Schärfe nahmen, so daß nur wenige durchschauten, mit welcher instinktiven Raffinesse sich der Mann die Rolle des romantischen Helden auf den Leib schrieb.

«Einsam geh' ich», hatte der Held bei Esaias Tegnér geraunt, jenem Dichter, in dessen Werk sich Hedin immer wieder mit verdeckten Zitaten Bestätigungen holte:

Einsam geh' ich. Nacht muß kommen,
Eh die Sterne leuchtend schweben,
Eh zum Gotte wird der Held.[64]

Die erste Prüfung hatte Hedin, so ließ ihn das Publikum wissen, mit Bravour bestanden – da war er schon wieder zum da capo al fine bereit: *Niemand darf glauben, daß die Huldigung, die mir jetzt dargebracht worden ist, und etwaige andere, die meiner vielleicht noch warten können, mich verleiten werden, mich zurückzuziehen, um meine Muße mit einer mehr oder minder eingebildeten Würde zu genießen. Im Gegenteil, diese Huldigung soll mir ein Ansporn sein zu neuen Anstrengungen. Die Reisen, die ich vor zwölf und vor acht Jahren in Asien unternahm, waren Vorbereitungen zur eben beendeten, aber diese wiederum ist nur eine Erkundungsfahrt für eine noch größere.*[65]

Der einsame Held

Die Frage, was es denn war, das Sven Hedin mit solcher Kraft immer aufs neue hinauszog, findet ihre Antwort im Kontext seiner Beschreibung der Unglücksreise durch die Wüste. Dort kommt der erste Hinweis von der Tatsache, daß Sven Hedin seinen Marsch an mehreren Stellen höchst unterschiedlich begründet. Der zweite und bereits entscheidende Hinweis kommt von der Tatsache, daß diese Begründungen ungleiche Gewichte haben und uns – das ist der dritte Hinweis – die Begründung mit der größten Schwere bis in die letzten Lebensjahre des homo viator nostalgisch als nobelster Antrieb zu solcher Erkundung genannt wird.

Nachdem der Autor in seinem Buch *Durch Asiens Wüsten* zwei Kapitel lang von nichts anderem gesprochen hatte als von dem Takla-makan-Ritt, schob er zwar am Ende beiläufig (*Zum Schlusse einige Worte über den Reiseplan selbst*[66]) einen Absatz auf Prschewalskijs unzulängliche Landkarteneintragung nach.

Dieser kurzen trocken-objektiven Begründung des Marsches aber ging eine lange leidenschaftlich-subjektive voraus. Denn wie nun alle Sagen referiert worden waren, die ihm die Eingeborenen über die Wüste mitgeteilt hatten, schrieb Sven Hedin:

Nein, es kann kein Zufall sein; diese Sagen müssen einen Grund und einen Ursprung haben; weit, weit hinter ihnen gibt es gewiß eine Wirklichkeit, auf der sie fußen, und sie sind nicht zu verachten.

Wie ein Kind lauschte ich diesen abenteuerlichen Sagen, die mir die gefährliche Fahrt, die ich zu wagen beabsichtigte, mit jedem Tage verlockender erscheinen ließen. Sie hypnotisirten mich; ich wurde blind gegen jede Gefahr, die unheimliche Wüste verhexte mich; sogar die Sandstürme, die ihre Wurzeln in der Tiefe der Wüste haben, erschienen mir prachtvoll und bezaubernd.

Und dort hinten am Rande des Horizonts türmten die Dünen sich in edel gerundeten Formen auf, die zu betrachten ich nie müde wurde, und hinter ihnen lag in der Ruhe der Grabesstille das unbekannte verzauberte Land, von dessen Dasein nicht einmal die ältesten Urkunden eine Ahnung haben, das Land, das ich als der Erste betreten wollte.[67]

Mit jener Offenheit, die alle Zeitgenossen Hedins stets an ihm bewundert haben, definierte er hier – nicht zum letztenmal übrigens – sein de-

1894 in Kaschgar – das Foto mit dem martialischen Waffenarrangement ist ein Werk des Konsuls Petrowskij

siderium incogniti als einen hypnotischen, sagen wir: wirklichkeitsentrückten Zustand, der so intensiv sein konnte, daß zum Beispiel absehbare Gefahren als solche nicht mehr wahrgenommen wurden. Der Ferntraum wurde zur Realität und sein Inhalt zum Selbstzweck, das heißt: nicht die Ermittlung von Daten und Fakten, nicht das Sammeln von Gewächsen und Gesteinen, nicht dieser stille akademische Kult des Genauen motivierte Sven Hedin – auch nicht die jüngst von Wennerholm so eindrucksvoll ins Feld geführte unerfüllte Liebe zu Maria Broman –, nein!, alle diese rationalen Argumente bezogen ihre Energie von dem einen großen irrationalen Aggregat, irgendwo der Erste zu sein: der Erste im unerforschten Land, der Erste unter unbekannten Völkern, der Erste auf dem Mus-tag-ata ... *Man bedenke das seltsame, beinahe überirdische Gefühl des Stolzes, 5000 Meter über allem Elende der Erde der erste sein zu dürfen, der Tibets höchste Gebirge erblickt ...*[68]

Auch wenn Richthofen das sportsmanship in diesem dunklen Drange wohl verstand, bemühte er sich beharrlich, seinen Schüler von der eitlen Rekordsucht zu kurieren. «Sie haben sich», schreibt er am 21. Juli 1894 nach Kaschgar, «mit der Erforschung der ganzen Mustagata-Kette ein herrliches Problem für diesen Sommer gestellt. Aber Ihr Leben ist mehr werth als die Besteigung einer ungewöhnlichen Meereshöhe; denn Forscher wie Sie sind selten, und die großen Höhen überlassen Sie besser denen, die mit sehr reichen finanziellen Mitteln sich auch Alles beschaffen können, was für den Mechanismus der Gletscherbesteigung erforderlich ist. Touristisch wäre die Besteigung des Mustagata eine hervorragende Leistung; aber wissenschaftliche Probleme bietet in reicherem Maaß die Erforschung des Gebirges selbst in allen seinen Theilen.»[69]

Jede Kritik mit der Weisheit des Alters entwaffnend, bestätigt Sven Hedin ein halbes Jahrhundert später seine Wahl in diesem Dualismus von «Wissenschaft» und «Tourismus»:

Ich war zu früh auf die wilden Wege Asiens hinausgekommen, ich hatte zuviel von der Pracht und Herrlichkeit des Orients, von der Stille der Wüsten und der Einsamkeit der langen Wege verspürt ...

Die Mängel meines geologischen Wissens, die Richthofen behoben sehen wollte, hafteten mir dann Jahrzehnte hindurch während meiner Reisen in Asien an. Im Grunde genommen stand ich in Berlin an einem Scheidewege: entweder benutzte ich meine jungen Jahre zu einer akademischen Ausbildung in Geologie, oder ich folgte meiner inneren Berufung, als Pionier die wenig oder nicht bekannten Teile Innerasiens einer Fachleuten vorbehaltenen systematischen Erforschung zu erschließen. Ich wählte das letztere.[70]

So gesehen erweist sich der Aufwand, den Sven Hedin mit seinen pedantischen Messungen, Statistiken und Landkarten trieb, als eine kolossale Camouflage seiner immer gegenwärtigen Sehnsucht nach der Ferne.

Voller Sympathie schrieb er deshalb über Fridtjof Nansen: ... *er bewies das Vorhandensein der Jeanette-Strömung und leistete mit seiner Schlittenfahrt* (bis auf 86° 14′) *eine sportliche Großtat, die den Rekord aller Zeiten schlug. Beide* (Nansen und Nordenskiöld) *erregten unerhörtes Aufsehen in der ganzen Welt, und ihre Fahrten ragen in alle Zukunft als die höchsten Leistungen auf dem Schauplatz des Nordpolarmeers empor. Das Romantische und Dramatische, die männliche Tat, Mut, Kühnheit, die für die Phantasie bezaubernde und aufreizende Jagd nach hohen Breitengraden und vor allem nach dem Pol selbst – all das ist in die Geschichte der arktischen Forschung eingeschrieben – ein Buch, das nun für immer zugeschlagen ist. Was jetzt noch übrigbleibt, ist wissenschaftliche Einzelforschung. Für Romantik ist kein Platz mehr . . .*[71]

Indem sich Sven Hedin ein Leben lang zur romantischen Gefühlsweise des Forschungsreisenden bekannte, zu seiner Lust am Unendlichen, der schönen Fremde, zum peregrinischen Eros, lieferte er sowohl eine Deutung des eigenen Charakterbilds als auch des enormen Erfolgs seiner Reiseberichte.

Denn in einer ungewöhnlich seltenen Symbiose von Utopie und commonplace, von Mythos und Realität und von Fakt und Fiktion präsentierte sich der wirkliche Hedin wie der unwirkliche Held des Abenteuerromans, der seit den Tagen Christian August Vulpius', Walter Scotts und James Fenimore Coopers in die Welt hinauszog, um sich hier als «ganzer» Mensch vor den andern zu beweisen.[72] Wie Rinaldo Rinaldini, Sir Kenneth und dem Wildtöter gelang es Sven Hedin, in allen Situationen mit heiler Haut davonzukommen und am Ende – wie in jener Schlüsselszene mit den schwedischen Stiefeln – als unversehrter «ganzer» Mensch zum Ausgangspunkt zurückzukehren.

Der da vor der Zeit des Luftverkehrs in wenigen Zeilen Tausende von Kilometern zurücklegen konnte, um eilig die heimatfernen Fluren der Abenteuer zu betreten oder zu verlassen – der da Buch um Buch sein Charisma als Übermensch seinen Lesern suggerierte, schrieb sich in eine Rolle hinein und verschmolz vor den Augen des Publikums mit dem romantischen Helden par excellence.

Dabei war diese Fusion zum einen Teil hervorgerufen von Sven Hedins Gestaltungswillen, zum anderen aber von der zufälligen Übereinstimmung mancher superman-Prinzipien mit Prinzipien der Entdecker. Weil nun die Erzähltechnik Hedins im übernächsten Kapitel vorgestellt werden wird, sollen hier lediglich zwei Beispiele für die Legierung literarisch-heldischer Eigenschaften mit geographisch-praktischen Grundsätzen angeführt sein:

Richthofen hatte – erstens – am 3. Januar 1893 ausdrücklich Sven Hedins Vorsatz gebilligt, «sich nicht an einen bestimmten, im voraus ausgearbeiteten Plan zu binden»[73]. Diese Beliebigkeit der Reiseroute aber hat die Literaturwissenschaft unterdessen als Strukturelement des heroischen Abenteuerromans wahrgenommen. So kommt Volker Klotz,

Esaias Tegnér. Gemälde von J. G. Sandberg, 1836

nachdem er einige Romane Karl Mays untersucht hat, zu dem Schluß, ihr «Aventiureprinzip» enthülle sich durch «Ereignisfolge und Bewegung im Raum, die von Spontaneität, nicht von Plan und festgelegten Richtlinien geleitet sind. Die Weichen sind nicht von vornherein gestellt, sie klappen um beim Drüberfahren. Das Ziel wird erst im Laufe des Prozesses geboren.»[74] Und Wolfgang Herrmann setzt dem hinzu: «Einzige Einheit innerhalb der nahezu planlosen Folge von Ereignissen bildet die Persönlichkeit des Helden selbst, der in jeder Situation eine seiner besonders hervorragenden Fähigkeiten bewährt; gleichgültig, ob er nun schießen, laufen, musizieren, diplomatische Gespräche in den verschiedensten Sprachen führen, naturwissenschaftliche Kenntnisse anwenden oder kraft der Vitalität seines Körpers tödliche Verletzungen überleben muß.»[75]

Der hiermit angesprochenen Singularität des Helden hatte Richthofen – zweitens – 1886 in seinem «Führer für Forschungsreisende» (einem Buch, das Sven Hedin 1894 in Kaschgar studierte) in gesperrtem Druck mit der Regel gleichsam Vorschub geleistet: «Derjenige, welchem geologische und physisch-geographische Forschungen Hauptzweck sind, reist unter allen Umständen am besten allein.»[76] Unisono damit klang das Heldenwort Tegnérs: «Einsam geh' ich».

An Tegnérs Idealen aber hatte sich Hedin von Jugend an orientiert, sein nationalromantisches Heldenmodell suchte er auf eigene Weise zu realisieren; und so kam es nicht von ungefähr, daß die von Sven Hedin am häufigsten zitierten Verse aus Tegnérs Gedicht auf «Carl XII.» stammten. Am Ende dieses Hymnus aufs vaterländische Heldentum heißt es:

Noch geht in Nordens Kreise
Der hohe Geist herum;
Er starb ja nicht, nur leise
Schlief er ein Seculum.[77]

Ein Held in der Gefolgschaft dieses hohen Geistes zu sein – nicht etwa ein Held schlechthin –, das war das Ziel Sven Hedins. *Zuerst und zuletzt ist mein Streben darauf ausgegangen, Schweden Ehre zu machen. Die Liebe zum Vaterland ist eins der Bande, die am stärksten binden, und deswegen bin ich nicht Kosmopolit geworden. Das Losungswort, das vorwärts führt, ist: König, Volk und Vaterland.*[78]

Beseelt von solchem Pathos (und übrigens auch vom «Póthos» Alexanders des Großen!) blendete er 1898 vor den Studenten der Universität von Uppsala die allgegenwärtige Takla-makan-Episode in die Proklamation seiner heroischen Hermeneutik ein, um deutlich zu machen, daß die Vision Tegnérs schon Wirklichkeit geworden war:

Die Zukunft gehört uns, und wir werden uns mit Leichtigkeit unsere Sporen erobern, wenn wir treu den Traditionen folgen, die auf dem Felde der friedlichen Forschung Glanz über unser Vaterland verbreitet und dem schwedischen Volk eine neue Großmachtszeit eröffnet haben. In den ruhigen Zeiten, die jetzt glücklicherweise herrschen, ist es vor allem den Vertretern der Wissenschaft vorbehalten, Lorbeer, der nie verwelkt, um einst blutige Fahnen zu winden. Wollen wir dieses hohe Ziel erreichen, dann müssen wir in unerschütterlichem Glauben an die Hand, die die Geschicke der Völker leitet, mit redlichem Ernst und ehrlichem Vorsatz vorangehen im Kampf für Recht und Wahrheit, für König und Vaterland. Das Ziel kann man sich niemals zu hoch stecken, denn selbst wenn es einem nicht glücken sollte, es zu erreichen, kann man doch hoffen, ihm durch beharrliches Streben so nahe wie möglich zu kommen.

Dies ist eine Wüstenwanderung im großen, eine Wanderung, die durch Tausende von Gefahren führt; aber am Rande des Horizonts sprießen gleichwohl Palmen und Lorbeer rings um frische Quellen, und wenn der Wanderer seine Kräfte nicht bis zum äußersten anspannt und gerade auf das Ziel losgeht, ohne nach rechts oder links abzubiegen, verschmachtet er im Wüstensand und wird niemals seine Kehle an der Quelle netzen, niemals auf den Lorbeeren ausruhen und niemals sich im Schatten der Siegespalme des Erfolges freuen.[79]

Sven Hedin, über den sein späterer Mitarbeiter Fritz Mühlenweg 1952

Sven Hedin. Gemälde von K. Cardon, 1893

sozusagen folgerichtig einen Roman, «Das Tal ohne Wiederkehr»[80], schrieb, war im wirklichen Leben motiviert als der allein ausziehende Nationalheld, hinter dessen Ausstrahlung die Kontur der Gefährten ebenso verschwommen blieb wie die der Begleiter hinter der des Odysseus.

Und so wie dieser vielgewandte Erzvater der Recken in der Heimat erwartet, in der Fremde gefährdet und bei der Rückkehr bejubelt und zugleich befehdet wurde, sollte auch Hedin eines Tages von der Parteien Gunst und Haß umgeben sein.

«Und Wüstenwinde rufen mich: ‹Komm heim!›»

Zunächst indessen war noch nichts von dem zu spüren, was sich unterschwellig gegen ihn zusammenbraute. Sven Hedin war vielmehr daheim und im Ausland everybody's darling, schrieb unter großem Zeitdruck 1897 und 1898 drei dicke Bücher über seine Expedition und stellte das Manuskript für den 28. Ergänzungsband zu «Petermanns Mitteilungen» fertig – alles miteinander knapp 2000 Seiten.

Darüber hinaus hielt er in fünf verschiedenen Sprachen Vorträge über Vorträge in St. Petersburg und Kopenhagen, in Hamburg und Leipzig, in London und Paris. Der französische Gelehrte und Außenminister Gabriel Hanotaux verstand die Darstellung des Wüsten-Abenteuers völlig

Sven Hedins Route auf der zweiten Expedition 1899–1902. Nach E. Norin, 1954

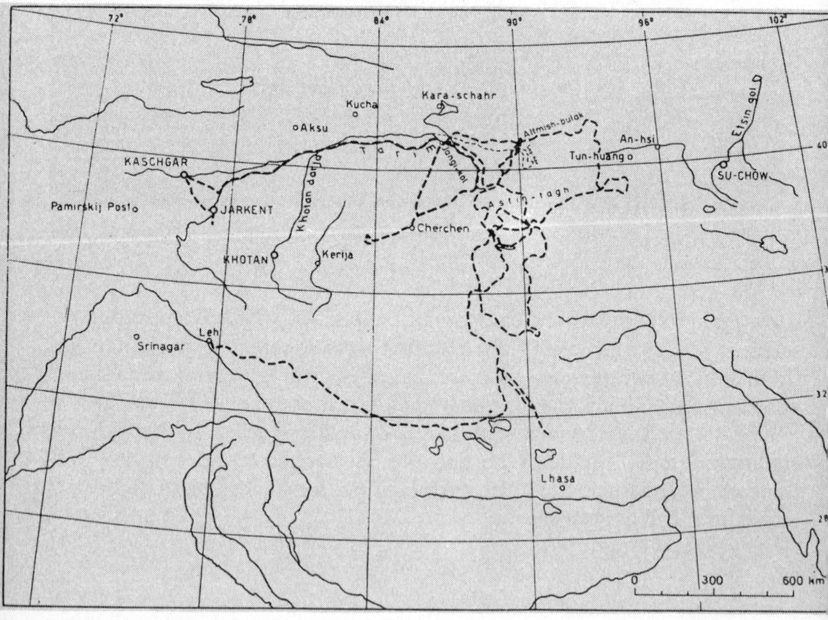

richtig und rief: «Das ist ja ein wirklicher Roman»[81], und ein gescheiter Zeitungsredakteur kolportierte: «Die Franzosen wußten den romantischen Zug in dieser Heldensage auch vollauf zu schätzen.»[82]

Von Termin zu Termin ging die Hetzjagd. *Wir fuhren dann zu Napoleons Grab. Es ist großartig. Etwas anderes mir anzusehen, dazu bin ich nicht gekommen. Ich habe keine Minute frei gehabt. Einmal machten mir fünf Personen zu gleicher Zeit ihren Besuch. Zwei Tage kam ich nicht dazu, mich zu rasieren. Sie haben sich förmlich um mich gerissen, und ich habe keine einzige Nacht ausgeschlafen.*[83]

Im Jahr darauf, 1898, traf er sich in London mit Stanley und in Leipzig mit Albert Brockhaus, dessen Honorarvorschlag für das Buch *Durch Asiens Wüsten* er von 7000 Mark auf 10000 Mark heraufhandeln konnte.

Sven Hedin hatte sein Feld gut bestellt! In einer konzertierten promotion-Kampagne hatte er zuerst alle Welt durch eine Sturzflut von Briefen an seinen Unternehmungen nahezu exklusiv teilnehmen lassen – aus Kaschgar zum Beispiel hatte er an einem einzigen Posttag «149 Seiten Privatbriefe»[84] abgeschickt, *die Abhandlung und Zeitungsartikel nicht eingerechnet*[85] –; dann hatte er von dem Erlebten im Druck jedem das – gewissermaßen – Seine mitgeteilt: den erwachsenen Laien zwei Bände *En färd genom Asien 1893–97* (*Eine Reise durch Asien 1893–97*, 1898), den jugendlichen Lesern einen Band *Genom Asiens öknar. Forskningsresor och äfventyr 1893–1897* (*Durch Asiens Wüsten. Forschungsreisen und Abenteuer 1893–1897*, 1899) und der Wissenschaft – auf deutsch – *Die geographisch-wissenschaftlichen Ergebnisse meiner Reisen in Zentralasien 1894–1897* (1900); und wer den quicken Helden dann schließlich noch leibhaftig in Augenschein nehmen wollte, dem präsentierte er sich zwischen Schottland und Österreich und Frankreich und Rußland als immer fesselnder Vortragsredner.

Mußte der Lockruf der Wüste «Komm heim!»[86] angesichts solcher Ubiquität nicht auch eine Verheißung der Selbstfindung sein? Oder war – umgekehrt gefragt – der vierte Aufbruch Sven Hedins nach Asien am 24. Juni 1899 nicht auch so etwas wie eine Flucht vor jenem Rummel, den er selbst in Gang gebracht hatte?

Er war jedenfalls schon auf seiner Bahnfahrt durch Rußland froh darüber, ungestört zu sein *durch Korrekturen, Telephon und Zeitungen und Tausende von Bagatellen, die in einem zivilisierten Staate unsere Zeit und unsere Gedanken in Anspruch nehmen*[87].

Als er bei dem Dorfe Madi am Abend des 31. Juli 1899 nach langer Zeit zum erstenmal unter Bäumen kampierte, genoß er es, *wieder im Freien im Zelte zu wohnen, vor mir ganz Asien und eine Welt von Hoffnungen auf neue, wichtige Entdeckungen!*[88]. Und als er sechs Wochen später von Lailik mit seiner dort gebauten Arbeitsfähre zu einer 2000 Kilometer langen Reise auf dem Tarim abstieß und sich an Bord vor seinen Schreibtisch setzte, nannte er es ahnungsvoll *herrlich, sich außer Hörweite der Ver-*

1899 am Schreibtisch auf dem Tarim

leumdung und der eingebildeten Klugheit zu wissen, welche der Unternehmungslust ebenso treu und sicher folgen wie die Delphine im Kielwasser eines Schiffes[89].

Bestärkt von dem Gefühl, in der Fremde Heimat zu haben, nahm Sven Hedin – oft in Minutenabständen – den Jarkent-darja, beziehungsweise: Tarim, bis zur Mündung in den Lop-nor auf. Er sammelte neue Daten für seine These von der Wanderung des Sees, durchstreifte noch einmal die Takla-makan, marschierte – seinen Weg von 1896 an manchen Stellen kreuzend – durchs östliche Tibet, maß die Höhen der Pässe und die Tiefen der Seen, erduldete mehr als 40 Grad Hitze im Sommer und mehr als 30 Grad Kälte im Winter ... und dennoch: auch wenn den Strapazen erneut ein Diener zum Opfer fiel – ein anderer wurde zum Krüppel – und auch wenn sich die Karawane diesmal nun realiter *in einen Leichenzug verwandelt*[90] hatte, bedurfte es immer wieder der Erinnerung des Lesers an das Wüsten-Abenteuer von 1895, um ihn bei der Schilderung des für Hedinsche Verhältnisse reichlich monotonen Reiseablaufs nicht dem anästhesierenden Einfluß der Gewohnheit auszuliefern.

Denn eine Regel war allezeit gültig: Leistung wurde erst illuster, wenn ihr Bericht von Gefahr künden konnte. (So kommentierte Sven Hedin die Tatsache, daß Nordenskiöld auf seiner Fahrt durch die Nordostpassage im Winter 1878/79 wider Erwarten von einem Eisband eingeschlossen wurde, später mit den Worten: *Dieses Ereignis, das von Nordenskiöld selbst als Patzer angesehen wurde, intensivierte nur den Glanz seiner Reise, weil es die ganze gebildete Welt annähernd zehn Monate lang in Atem hielt und jene Sorge nährte, welche man um das Schicksal des Schiffes und seiner Besatzung hegte.*[91])

Angesichts der bislang wenig spektakulären sentimental journey durch Tibet war daher eine sensationelle Aufgipfelung fällig, die Sven Hedin mit sicherem Gespür für eine wirkungsvolle Inszenierung gegen Ende des ersten Bandes von *Im Herzen von Asien* dann auch in Aussicht stellte: in einer Art Programmvorschau verriet er seinen Plan, im Jahre 1901 *verkleidet nach Lhasa zu dringen*[92].

Daß er am Anfang des zweiten Bandes erst noch über seine Ausgrabungen am Ufer des vermeintlich alten Lop-nor spekulierte und der Enthüllung von Islam Bais heimlichen Schurkereien ein ganzes Kapitel gewährte, erhöhte nur die Spannung. Doch als nun alle wissenschaftlichen Vorhaben der Reise abgeschlossen und viele Fundstücke und Trophäen nach Europa abgeschickt waren, ließ er mit stereotypem rhetorischem Auftakt den Ritt nach Lhasa beginnen: *Es wurde die anstrengendste, schwerste Reise, die ich je gemacht habe. Bei mehr als einer Gelegenheit war ich dem Tode näher als damals, als ich 1895 in der Wüste Takla-makan vor Durst schmachtete; damals aber, in der Wüste, dauerte das Leiden nur ein paar Wochen; hier in Tibet aber gehörten Leiden zur Tagesordnung, nachdem die wirklichen Schwierigkeiten einmal angefangen hatten. Ich*

Lager Nr. 104 auf dem Weg nach Ladak, 1901

mache lieber noch zehn Reisen durch die Wüste Takla-makan als noch einen solchen Zug durch Tibet![93]

Dieser Zug begann am 17. Mai des Jahres 1901 in dem Städtchen Tscharchlik südlich des Lop-nor, nachdem sich eine Vorhut schon acht Tage vorher auf den Weg gemacht hatte. Es war eine eindrucksvolle Karawane: 39 Kamele, 70 Esel, 45 Pferde und Maulesel, acht Hunde und eine Herde von Schafen sowie noch ein Hirsch. Die ganze Menagerie wurde dirigiert von einer ständig sich verändernden Anzahl von Führern, Hirten und Dienern – alles in allem wohl 30 Mann: Kosaken, Mongolen, ein Lama und Sven Hedin. Das Ziel war Lhasa, die heilige Stadt der Tibeter.

Nur um einmal dort gewesen zu sein, lenkte Sven Hedin den Troß bei Schneetreiben, Hagelsturm und Eisregen mehr als 500 Kilometer weit über eine quer zur Marschrichtung verlaufende Bergkette nach der anderen. (Richthofen hatte gelehrt: «Es kommt besonders darauf an, die Gebirge immer quer zu überschreiten und die einförmigen Längswege zu vermeiden.»[94]) Der erste Paß des Arka-tag war 5189 m hoch, der nächste 5337 m, der übernächste 5210 m ... der höchste lag bei 5462 m. Weideplätze waren hier oben spärlich gesät. Die Luft war dünn. Pferde und Kamele starben eins ums andere. Der Hirsch war sofort nach dem Aufbruch verendet. *Das Knochengerüst wurde der Skelettsammlung beigefügt.*[95]

Gleichwohl war es diesmal nicht die Natur, die Sven Hedin gefährlich wurde, sondern die Bevölkerung. Die Tibeter, die in ihrer Autonomie schon seit dem 18. Jahrhundert durch China eingeschränkt waren – in Lhasa zum Beispiel befand sich eine chinesische Garnison –, mußten sich um die Wende vom 19. zum 20. Jahrhundert auch gegen den immer stärker werdenden Druck Rußlands und Englands zur Wehr setzen. Für die Marotte eines ihnen unbekannten europäischen Eindringlings brachten sie daher denkbar wenig Verständnis auf – noch dazu, da der Mann sich unter höchst verdächtigen Umständen angeschlichen hatte.

Begleitet nämlich von dem nicht allzu charakterfesten Lama Schereb aus Urga (Ulan-Bator) und dem Kosaken Schagdur hatte Sven Hedin die Karawane am 27. Juli im Norden des Selling-tso-Sees in 5127 Meter Höhe verlassen, um seine ‹Pilgerfahrt› nach Lhasa auf Seitenpfaden fortzusetzen. Doch obwohl er sich wie Ármin Vámbéry in Persien, W. Woodville Rockhill in Tibet, Heinrich Barth in Timbuktu – oder Kara Ben Nemsi in Mekka! – sorgfältig als Eingeborener verkleidet hatte, als burjatischer Knecht, erkannten die Tibeter unter der Schminke und der frischpolierten Glatze doch sogleich den «Peling», den Europäer.

Am 6. August 1901 machten sie seiner Schrulle ein Ende.

Einer von ihnen war ziemlich frech und untersuchte alle umherliegenden Sachen. Dabei kam ein Kompaß zum Vorschein, der bei ihm großes Interesse erregte. Er fragte, was das sei, und erhielt eine genaue Beschreibung, wobei er sagte:

Sven Hedin in der Tracht und mit der Ausrüstung eines mongolischen Pilgers, 1901

Oscar II. von Schweden

«Freilich, freilich, solche haben die Chinesen auch.»

Ein paarmal zeigte er auf mich und erklärte:

«Der da ist kein Burjate.»

Er war außergewöhnlich zudringlich und fragte, wie es komme, daß wir diese kleine Seitenstraße eingeschlagen hätten, statt dem großen Pilgerwege zu folgen.

«Wißt ihr nicht, daß es euch den Kopf kosten kann, daß ihr diesen Weg gegangen seid? Alle, die auf diesem Wege nach Lhasa gehen, werden hingerichtet.»[96]

Auch wenn sich Sven Hedin von solcher Rede nicht einschüchtern ließ und im stillen auf die strategische Überlegenheit seiner beiden Gewehre und des schwedischen Offiziersrevolvers vertraute, blieb ihm schließlich am 10. August nichts anderes übrig, als sich zurückzuziehen, denn die Tibeter versperrten ihm mit 67 Reitern den Weg.

So wurde das Unternehmen in der Banalität seines Scheiterns noch aberwitziger, als es der vielbeschworene Todesmarsch durch die Taklamakan schon gewesen war –: hatte Sven Hedin für diesen immerhin noch ein dünnes wissenschaftliches Argument finden können, mußte er bei jenem jetzt unumwunden zugeben, wahnsinnig allein das Abenteuer gesucht zu haben.

Es war in der Tat wahnsinnig, das läßt sich nicht leugnen, so viel zu wagen, ja das Leben zu riskieren, nur aus Lust, Lhasa zu sehen, das in seiner Topographie und seinem Aussehen durch Beschreibungen, Karten und Photographien von Punditen und Burjaten weit besser bekannt ist als die meisten Städte des innersten Asien. Doch ich muß ehrlich gestehen, daß ich mich nach den zwei Jahren ruhiger, friedvoller Wanderungen durch unbewohnte Teile des Kontinents und nach all meiner strebsamen Arbeit nun einmal nach einem wirklich haarsträubenden Abenteuer sehnte. Ich fühlte das unwiderstehliche Bedürfnis, meine Person in eine Lage zu bringen, in der das Leben auf dem Spiele stand, eine Situation, die Geschicklichkeit und Umsicht erforderte, wenn sie nicht zu einer Niederlage werden sollte, und in der wir uns so tief verwickeln würden, daß es noch schwerer wäre, sich mit heiler Haut wieder herauszuwickeln. Tatsächlich sehnte ich mich mehr nach dem Abenteuer als gerade nach Lhasa.[97]

Die Einsicht, daß der Tod von zwei Männern, denen die allzuweit nach Süden ausgedehnte Route und der allzu lange Aufenthalt in 5000 Meter Höhe die Kräfte aufgezehrt hatte, mit dem *haarsträubenden Abenteuer* direkt in Zusammenhang stand, hielt Sven Hedin ebensowenig auf wie der horrende Verlust an Tieren, Geld und Zeit. *Man kann Blut weinen,* schrieb er aus Kargil am 19. März 1902 an seinen deutschen Verleger Albert Brockhaus, *wenn Männer und Tiere sterben oder leiden, und man kann nichts dazu tun, man geht immer weiter zu noch tolleren Unternehmungen. Es muß eine besondere Gnade Gottes sein, daß ich immer gesund herauskomme, während die anderen sterben oder ihre Gesundheit für immer ruinieren.*[98]

In mithin glänzender Verfassung hatte er sich von Leh aus soeben noch durch den englischen Vizekönig von Indien, Lord Curzon, zu einer 10000 Kilometer langen Stippvisite nach Delhi und Kalkutta, Bombay und Rawalpindi animieren lassen. Doch nun eilte er nach Hause. Am 14. Mai erreichte er Kaschgar; und am 27. Juni 1902 war er wieder in Stockholm.

Am selben Tag schrieb König Oscar II., der während der Expedition in zahlreichen Briefen von Sven Hedin auf dem laufenden gehalten worden war, eigenhändig an seinen Untertan:

«In Eile! Willkommen daheim! Mein lieber Sv. Hedin!
Es freut mich, Dir einen wohlverdienten Adelstitel zu geben ...»[99]

Der König wollte mit diesem Titel den Adel der Taten sichtbar machen, wie er überhaupt mit Sympathie das patriotische Streben Sven Hedins gefördert hatte – das Streben, sich als Nationalheld zu erweisen und dem Volke in bewegter Zeit ein Vorbild zu sein, in dem es seine Identität finden könnte, ein Idol, eine lebende Allegorie der schwedischen Geschichte.

So wollte Sven Hedin vor aller Welt gesehen werden, und deshalb machte es auch Sinn, daß er just am Ende des Reiseberichts *Im Herzen von Asien* erklärte, die schwedische Geschichte sei *zu einem großen Teil eine Heldengeschichte*[100]. Das sollte heißen: ‹der vorliegende Text bestätigt dies bis heute›, und: ‹ich bin der Held des Tages›.

Die Poetik eines Profis

Gemäß dem geflügelten Wort «le style est l'homme même» war nicht nur das Fernweh Sven Hedins heroisch motiviert, sondern auch die Struktur und Diktion seiner Reiseberichte.

Unterwegs nach Indien am Morgen des 24. April 1906

An ihrem Anfang stand gewöhnlich des Helden Auszug, der als typische Szene formelhaft beschrieben wurde – nachdem alle Vorbereitungen für die jeweilige Expedition getroffen waren, setzte sich die Karawane in Bewegung, und Sven Hedin reflektierte:

Es liegt etwas Feierliches über dem Marsche einer solchen Karawane dem Tode entgegen, der die meisten Kamele mit Gewißheit irgendwo in den Wüsten des fernen Ostens oder in den Berggegenden Tibets erwartet. Die Glocken läuten ihre abgemessene melancholische Melodie, welche unwillkürlich an eine Beerdigung erinnert; doch mit philosophischem Blick und ruhiger Haltung messen die prächtigen Tiere den Weg mit langen, langsamen Schritten unter ihren im Verhältnis zu ihren Kräften nicht schweren Lasten.[101]

Dieses Beispiel auf einer der ersten Seiten von *Im Herzen von Asien* enthält bereits jene beiden Kompositionselemente, die sich zum Grundmuster aller Reisebücher Sven Hedins verbinden: in Gestalt der Vorausdeutung wird hier der Gehalt der Lebensgefahr unterstrichen. Immer wieder reizt der Autor seine Leser mit der Ankündigung gräßlicher Schicksalsschläge, immer wieder steigert er – sobald die ersten Unglücksfälle sich ereignet haben – die Spannung seines Auditoriums durch die unheilverheißende Vorschau auf weitere Sensationen.

Es war ein großartiger Anblick, als dieser gewaltige Zug unter Glokkenklang, Geschrei, Rufen, Brüllen und Wiehern von unserem ruhigen Serai und aus dem Schatten der Weiden fortzog. Nur wenige Tiere sollten grüne Gärten wiedersehen und wieder im Stalle in ihren Ständen Mais fressen. Wie fühlte ich mich jetzt reich als Besitzer all dieser Herrlichkeit; wie mächtig erschien mir dieses Werkzeug, mit welchem ich, wenn ich es richtig anwandte, große Teile von Tibet der Wissenschaft würde erschließen können! Und doch überkam mich Wehmut, als ich den bunten, gewaltigen, lebensfrohen Zug betrachtete. Nie haben die Glocken der Kamele in so hohem Grade wie jetzt zum Begräbnis, nein, zu einer ganzen Reihe von Begräbnissen geläutet! Ich ahnte, daß dieser Weg für die meisten ein Todesweg werden würde, ein Weg, der Tränen kostete, und daß die Route auf der Karte nicht zufällig mit Rot eingetragen werden würde, – sie kostete Blut![102]

Solche vom Hautgout eines literarischen Leichenbegängnisses umwehten Impulse, mit denen die Neugier der Leser angespornt werden sollte, sind *con amore*[103] über alle Reiseberichte Sven Hedins verstreut. Sie geben ihnen einen epischen Rahmen und damit einen mnestischen Halt, was um so notwendiger ist, als der Autor immer dieselben Handlungen schildert: seine Vermessungstätigkeit, das Leben im Zelt, die Fluß-, Gebirgs- und Wüstenmärsche, das Zusammentreffen mit Fremden, die Arbeit der Tiere …

In dieser ewigen Wiederkunft derselben Abenteuer tauchen dennoch hier und da Partien auf, in denen Sven Hedin mit großer Innovationskraft beinahe lyrische Bilder entwirft und dem schwerfüßigen Ganzen plötzlich sprachlichen Schwung gibt. So beschreibt er einmal wie ein Impressionist den Fluß des Treibeises auf dem Tarim:

Um die Landschaft zu erhellen und mit besserem Erfolge nach Brennholz suchen zu können, steckten die Männer das ungeheuer dichte Schilf, welches die Uferterrasse bedeckte, in Brand. Wie Bambusrohr knisternd, knallend und pfeifend wurde dieses dürre Kamisch von den entfesselten Flammen verzehrt. Es wurde ein riesenhaftes bengalisches Feuer, und sein wilder, gelbroter Schein fiel auf das dunkle Wasser, wo er die Tausende von Treibeisschollen, die in rastlosem Zuge vorbeitrieben, scharf beleuchtete. Diese schienen auf der Pilgerfahrt nach einem gemeinschaftlichen Wallfahrtsorte begriffen zu sein; sie folgten alle derselben großen Heerstraße, auf der sie geboren werden und sterben, aber sie wetteiferten nicht miteinander, sie gingen in schönster Ordnung, alle in demselben Takte. Sie zogen vorbei wie Wassergeister, welche jeden Abend eine muntere Polonaise tanzten, um die Beendigung der Jahresarbeit des Flusses zu feiern und sich vor dem langen Winterschlafe noch gründlich zu amüsieren. Sie glitten dahin wie eine Prozession friedloser Muselmänner mit weißen Turbanen um die Köpfe, wie Freier, geschmückt mit Kränzen von kleinen weißen Immortellen aus vergänglichem Eise.[104]

Eine derartig schöne, stimmungsvolle Revitalisierung der Natur in der Dichtung ist im Œuvre Sven Hedins freilich selten, weil sie seiner Haltung zur Natur immer dann widersprach, wenn er auf Forschungsreisen war. Jetzt nämlich sah er sich nach dem üblichen Begriff der Fortschrittsphilosophie des 19. Jahrhunderts im erbitterten Zweikampf gegen die Natur: gegen das feindliche Klima und gegen die feindliche Landschaft. Und dementsprechend metaphorisierte er sein Tun.

Aus Leh zum Beispiel schrieb er am 20. Dezember 1901 nach Stockholm: *Von der früher so stattlichen Karawane ist jetzt kaum ein Drittel übrig. Zwei Mann, vierundzwanzig Kamele, alle Pferde bis auf drei sind gestorben. Am besten haben die Maulesel alles überstanden. Der Gewinn, den ich ernte, ist teuer erkauft. Mir selbst geht es glänzend ... Ich selbst bin am meisten im Feuer gewesen.*[105]

Daß er aus solchem Erlebnis Lustgewinn zu erzielen vermochte, hatte Sven Hedin schon in *Durch Asiens Wüsten* gezeigt, als er schwärmte: *Ich kam mir wie ein König vor in diesem Lande, in dem ich jetzt auf einem Eroberungszuge begriffen war. Ich hatte es erobert; es gehörte mir.*[106]

Den Namen des Eroberers, dieses Königs von eigenen Gnaden, erfuhr man fünf Jahre später – da charakterisierte Sven Hedin seine Lage in der ‹Gefangenschaft› durch die Tibeter mit der Bemerkung: *Ich kam mir ungefähr vor wie Karl XII. in der Türkei. Wir waren in ein fremdes Land eingedrungen, ein lächerlich kleiner Haufe gegen eine erdrückende Übermacht.*[107]

Sven Hedin, das wird allenthalben sichtbar, war darauf aus, dem größten Helden Schwedens auf seine Weise nachzueifern. Deshalb ließ er die

Karl XII., wie ihn Sven Hedin bei der Exhumierung im April 1917 gezeichnet hat

«Hedin-Gemeinde»[108], deren ökumenische Existenz Albert Brockhaus schon 1902 gewittert hatte, Buch für Buch wissen, daß er sich – im Dienst der Geographie wohlgemerkt – wie Karl XII. «in Rauch und Dampf»[109] hinausbegeben hatte, um auf der via dolorosa Tibets unverzagt die schrecklichsten Abenteuer zu bestehen.

Sein *altes Wüstenglück*[110], sein *guter Schutzengel*[111] und die mächtige Hand, *die bisher stets meine Schritte, durch Wüsten und über Berge, gelenkt hatte*[112], waren die Gewähr, daß er am Ende als Gesündester und Stärkster aus Blut, Schweiß und Tränen hervorgehen würde. Wie gesagt: *Mir selbst geht es glänzend!*

Elias Canetti, dem in seiner Jugend nach der Lektüre von «Robinson Crusoe» Sven Hedins *Von Pol zu Pol* schon «eine Offenbarung»[113] war, schreibt 1960 in seinem opus magnum «Masse und Macht» zum Stichwort ‹Der Überlebende›:

«Der Augenblick des Überlebens ist der Augenblick der Macht. Der Schrecken über den Anblick des Todes löst sich in Befriedigung auf, denn man ist nicht selbst der Tote. Dieser liegt, der Überlebende steht ...

... Das Kraftgefühl, gegen diese [Toten] lebend zu stehen, ist im Grunde stärker als jede Trauer, es ist ein Gefühl der Auserwähltheit unter vielen, deren Schicksal ein manifest gleiches ist. Auf irgendeine Weise fühlt man sich, bloß weil man noch da ist, als der Bessere. Man hat sich bewährt, denn man lebt. Man hat sich unter vielen bewährt, denn alle, die liegen, leben nicht. Wem dieses Überleben oft gelingt, der ist ein Held ... Die höheren Mächte sind ihm gewogen.»[114]

Es klingt, als hätte Canetti an dieser Stelle die Selbsteinschätzung Sven Hedins analysiert, der in *Durch Asiens Wüsten* den Tod zweier Träger beklagte und im selben Atemzug schalkhaft erwog, was seine Hennen wohl empfänden, denen kurz zuvor der Hahn gemordet war. Jan Myrdal nannte diesen Reflex des Hedinschen «Kraftgefühls» «die unerquicklichste Todesschilderung, die ich in der schwedischen Literatur kenne»[115]. – Ihre Roheit erklärt sich eben aus der heroischen Egozentrik des überlebenden Hedin.

Die Aufforderung durch Brockhaus, «daß die Person des Erzählers soviel wie möglich in den Vordergrund tritt»[116], tat noch ein übriges hinzu, und so errichtete sich Sven Hedin mit seinen Büchern ein Denkmal seiner selbst, dessen ideologisches Fundament aus nichts anderem bestand denn dem alltagfliehenden Glauben an die Existenz von Übermenschen.

Als einer von ihnen anerkannt zu werden, das war der Wunsch Sven Hedins an die Öffentlichkeit. Nicht zuletzt auch seine schriftstellerische Professionalität galt diesem Zweck.

Auf seinen Reisen führte er regelmäßig Tagebuch, er verfaßte pausenlos Briefe und Artikel, er zeichnete unermüdlich Karten und Bilder und notierte von morgens bis abends ohne Unterlaß Daten über Daten. Er schrieb im Sitzen, Stehen, Liegen; er schrieb im Freien, in Palästen, in Jurten; er schrieb in Sänften, auf Booten, beim Reiten – wobei er die Jaks besonders nützlich fand: *man hat dann die Hände frei*[117].

Einen Teil der so entstandenen Produktion schickte er auf mühevollen Wegen nach Hause. Allein am 5. Mai 1901 nahm Islam Bai *eine gewaltige Post von mir mit. Ich hatte einen 216 Seiten langen Brief – ein ganzes Buch – an meine Eltern und außerdem noch ausführliche Briefe an König Oskar*

Muhamed Isas Bestattung am 2. Juni 1907

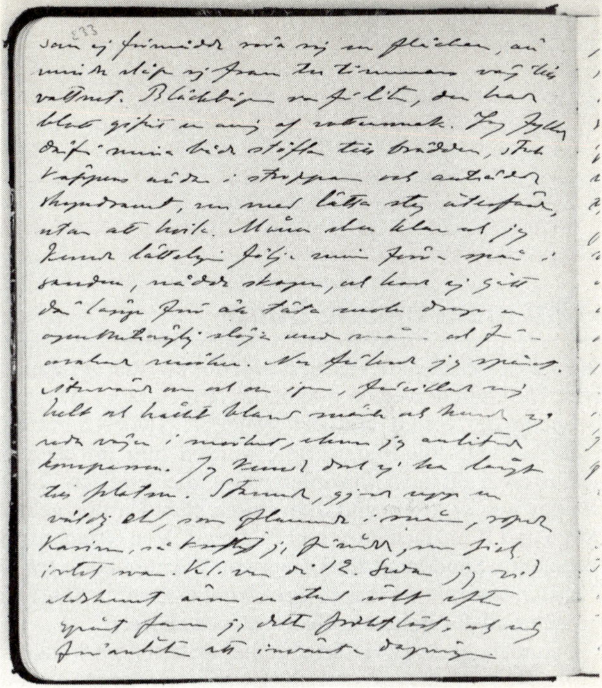

Blatt 233 in Sven Hedins Reisejournal zum 5. Mai 1895, dem Tag der Stiefel-Szene

und den Kaiser von Rußland geschrieben.[118] Insgesamt erhielten die Eltern von der zweiten Asien-Expedition 1500 Seiten Briefe.

Als Sven Hedin dann 1902 nach Schweden zurückgekehrt war, brauchte er nur noch das inzwischen dort eingetroffene Material und seine Tagebücher auszuwerten. – Wie er das tat, teilte er Brockhaus später einmal mit, als dieser sich über die Geschwindigkeit von Sven Hedins Schreibvermögen wunderte: *Ich lese Tag für Tag in den Tagebüchern. Wenn sehr wenig zu sagen ist, mache ich kleine Bleistiftnotizen und dann eine Zusammenstellung. Sonst schreibe ich direkt aus den Tagebüchern, d. h. natürlich stark verkürzt und sprachlich verbessert.*[119]

Nach diesem ökonomischen Verfahren vollendete Sven Hedin im bewährten Dreischritt bis 1903 den populären Reisebericht in zwei Bänden *Asien. Tusen mil på okända vägar* (*Im Herzen von Asien. Zehntausend Kilometer auf unbekannten Pfaden*), bis 1904 das Jugendbuch in einem Band *Tibetanska äfventyr* (*Abenteuer in Tibet*), und bis 1907 gab er zusammen mit anderen Forschern – auf englisch – in acht Bänden die *Scientific Results of a Journey in Central Asia 1899–1902* heraus.

Aber als der letzte Band dieser wissenschaftlichen Arbeit erschien, war der schwedische Captain Courageous längst schon wieder in Asien.

«Om mani padme hum»

Die Jahre zwischen der dritten und der zweiten Asien-Expedition hatte Sven Hedin in derselben publizistischen Hektik verbracht wie die Jahre zwischen der ersten und der zweiten. Wieder hatte er neben seiner Schreibarbeit – die Manuskripte wurden zum Teil schon gesetzt, als ihr Schluß noch gar nicht konzipiert war – eine Serie von Vorträgen gehalten. Wieder war er kreuz und quer durch ganz Europa gehastet, von Edinburgh und Rom nach Paris und Budapest. Von Offenburg nach Straßburg reiste er im Sonderzug des Königs von Württemberg. *Ich kleidete mich im Zuge um und fuhr im Wagen direkt zum Vortrag.*[120] Sonst hingegen pflegte er, während der Bahnfahrt Korrekturen zu lesen …

Dennoch: als Sven Hedin zu seiner dritten Forschungsreise nach Asien

Sven Hedins Route auf der dritten Expedition 1906–1908. Nach E. Norin, 1954

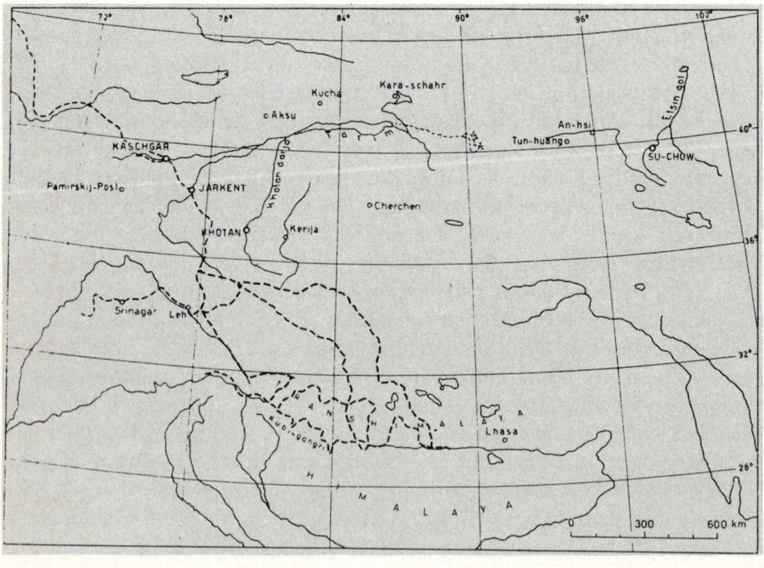

Francis Edward Younghusband

aufbrach, da wurde der Auszug des einsamen Helden nicht vom harmonischen Reigen seliger Geister umschwärmt – da klangen ihm eher schrille Töne nach. Der Lockruf der Wüste «Komm heim!» war folglich diesmal noch anziehender.

Woran lag das?

Kaum merklich war Hedin, der sich der Wirkungsmöglichkeiten seiner öffentlichen Stellung immer mehr bewußt geworden war, dazu übergegangen, sich zu politischen Themen zu äußern. Das geschah einstweilen zwar nur in blumigen vaterländischen Phrasen wie *König, Volk und Vaterland*, wurde dann aber konkret, als englische Truppen im Jahre 1903 nach Tibet einmarschierten und ein Jahr später unter Führung von Francis Edward Younghusband auf ihrem Weg nach Lhasa bei Guru Hunderte von Eingeborenen niedermachten.

Sven Hedin hatte die ‹Eroberung› Tibets als heroisches jeu d'esprit 1901 noch selbst betrieben und gleichwohl – als das Spiel verloren war – die Furcht der Tibeter vor den Europäern wie ein Gentleman respektiert.

Um so empörter war er deshalb über den englischen Angriff (ohne freilich die tendenzielle Gleichartigkeit seiner Diktion mit jener Aktion zu gewahren).

In der Zeitschrift «Die Woche» schrieb er am 18. Juni 1904: *Der englische Feldzug in Tibet ist ein neuer Beleg für die imperialistische Rücksichtslosigkeit, die die großpolitischen Bestrebungen unserer Zeit zu charakterisieren scheint, und der gegenüber die Stellung der kleineren Staaten prekär und unsicher erscheint. Ein kleiner Staat, der nicht die Macht besitzt, sich zu verteidigen, ist dem Untergang verfallen, einerlei ob er christlich ist oder nicht.*[121]

Die von England demonstrierte Rigorosität der Großmächte gegenüber kleinen Völkern war es, die den Bürger des neutralen Schweden so betroffen machte und vor der er auch warnte, als Norwegen die 90 Jahre alte und in letzter Zeit immer brüchiger gewordene Union mit Schweden im Juni 1905 annullierte. Denn nicht etwa gekränkter Nationalstolz festigte sein Engagement in dieser Sache – da war er völlig realistisch: ... *wo alle Bande der Sympathie und des guten Einvernehmens seit längerem zerschlissen sind, können wir mit Gleichmut auch die letzten mürben Fäden reißen sehen.*[122]

Nein! Was er vorauszusehen meinte war ein Wiederaufleben der Bedrohung Skandinaviens durch Rußland – durch jenes Land also, das schon im Jahre 1808 den schwedischen Gebietsteil Finnlands annektiert und Karl XIII. fernerhin gezwungen hatte, diesen Verlust im Herbst 1809 in Fredrikshamn vertraglich zu besiegeln.

So wie damals gelehrte Schweden – unter ihnen der Heldendichter Esaias Tegnér – ihr Volk beschworen hatten, sich im Gedenken an seine angestammten Fähigkeiten gegen solches Unheil in Zukunft zu wappnen, mahnte Sven Hedin jetzt, allem sentimentalen Skandinavismus zu entsagen und sich statt dessen auf Schwedens eigene Interessen zu besinnen.

Unter dem anspielungsreichen Titel der lateinischen Formel «Videant consules» [Die Konsuln mögen Sorge tragen ... (nämlich: «... daß das Gemeinwesen keinen Schaden nimmt»)] schrieb Sven Hedin 1905 in «Svenska Dagbladet»: *Norwegen ist zu klein und unbedeutend, als daß es – wie tief es auch erniedrigt und wie energisch es auch gezwungen würde, um Verzeihung zu bitten – unseren alten, sieggekrönten Fahnen ihre Strahlkraft zurückgeben könnte. Die schwedische Kriegsehre kann deshalb nicht anders wiederhergestellt werden als durch die nationale Aufrüstung gegen einen aggressiven und übermächtigen Nachbarn.*[123]

Hedin vertrat die Ansicht, daß sich Rußland nach seiner Niederlage im Krieg von 1904/05 gegen Japan über die nordnorwegische Provinz Finnmark hinweg einen Zugang zu den eisfreien Häfen am Atlantik bahnen würde, und er war froh darüber, daß sich Schweden nach der Auflösung des Bundes mit Norwegen nicht mehr zu dessen Verteidigung verpflichtet fühlen mußte.

Doch indem noch die von Sven Hedin so temperamentvoll angeheizte Nachrüstungsdebatte in vollem Gange war, brach er am 16. Oktober 1905 zu jener Entdeckungsfahrt auf, die seine ertragreichste werden sollte und nach deren Abschluß er in seiner Heimat und in der übrigen Welt bald eine neue Rolle spielte.

Er reiste diesmal über die Türkei und Persien zu Fuß, auf Pferden und Kamelen nach Simla; und allein über diese «Passage to India» publizierte er 1910 den zweibändigen Abenteuerbericht *Öfver land till Indien* (*Zu Land nach Indien*), sowie 1918 und 1927 auf deutsch das kommentierte Kartenwerk *Eine Routenaufnahme durch Ostpersien*.

Von Simla aus, wo er Gast des neuen Vizekönigs von Indien, Lord Minto, war, wollte er im Sommer 1906 mit einer großen Karawane nach Tibet losmarschieren. Er hatte sich vorgenommen, jetzt jene Gebiete zu ‹erobern›, die nach wie vor als *«unexplored»*[124] galten, als unerforscht.

Lord Morley of Blackburn

Noch während er aber, ohne daß Younghusbands Blutbad in Tibet der Männer-Freundschaft Abbruch tat, mit dem unterdessen gleichfalls nobilitierten Sir Francis im Grand Hôtel von Simla beim high tea konversierte, erfuhr Sven Hedin, daß er seine Pläne diesmal nicht wunschgemäß verwirklichen könnte. In London war die Regierungsgewalt kürzlich von den Konservativen auf die Liberalen übergegangen, und so suchte der nunmehr für Indien zuständige Minister John Morley, Tibet nach den skandalösen Ereignissen von 1903 und 1904 mit Umsicht wieder zu befrieden. Er ließ Hedin aus diesem Grund übermitteln, daß ihm die Einreise nach Tibet von britischem Hoheitsgebiet aus nicht gestattet werden könnte.

Sven Hedin erklärte daraufhin mit unvermindertem Zorn in der Einleitung zu seinem dreibändigen Bericht *Transhimalaja*: *Ich kam bald dahinter, daß die größten Schwierigkeiten, die ich auf dieser Reise zu überwinden hatte, mir nicht von Tibet, seinem rauhen Klima, seiner dünnen Luft, seinen gewaltigen Bergen und seinen wilden Völkern bereitet würden, sondern – von England!*[125]

Die Empörung Sven Hedins war so groß, daß er in einem Brief an seine Eltern für einen Augenblick Gefahr lief, den Text seiner Rolle als Entdecker zu vergessen, denn er gestand: *Jetzt ist das geographische Moment fast verdrängt worden von der absoluten Notwendigkeit, E r f o l g z u h a b e n. Es gilt mein Leben* (sic!) *und meine Ehre, der ganzen Welt zu zeigen, wer der Stärkere in Asien ist, Morley oder i c h.*[126]

Was hinter diesen Sätzen steht ist die überspannte Persönlichkeitswandlung des Schweden zum Einzelkämpfer David, der ohne Rücksicht auf die guten Gründe seiner Gastgeber spornstreichs und mit Chuzpe gegen England, den Goliath, anrennt.

Aber welcher Sieg über diesen Feind könnte herrlicher sein – und das heißt: wie könnte England mehr düpiert werden, als wenn Sven Hedin unbehelligt von irgendwelchen Tommies heimlich zum Taschi-Lama pilgerte, dem höchsten Würdenträger der Tibeter nach dem Dalai-Lama, der 1904 vor den europäischen Invasoren in die Mongolei geflohen war?

Die Szenenfolge stand somit fest: der Spannungsbogen wölbte sich vom Sommersitz des Vizekönigs in Simla zur Residenz des Taschi-Lama in Schigatse. Darunter spielte sich nach den gewohnten Regeln der Ästhetik des Schreckens das bekannte Schaustück ab: begleitet von den finsteren Auspizien des Autors (*Morituri te salutant!*[127]) wurde seine Karawane zu einem Kriegszug ausgeschickt (*es gilt eine große Schlacht*[128]), in dessen Verlauf sich ihr Stratege unbekanntes Territorium unterwarf (*Mir war zumute, als gehöre das alles mir, als sei ich an der Spitze siegreicher Legionen erobernd in dieses Land eingezogen und hätte alle Widerstandsversuche besiegt.*[129]).

Am Ende war wie üblich die Truppe aufgerieben, doch Sven Hedin hatte auf pittoresken Schleichwegen die Stadt Schigatse erreicht, wo ihn

Das Kastell in Schigatse. Federzeichnung von Sven Hedin, 1907

der Taschi-Lama am 12. Februar 1907 im Kloster Taschi-lunpo empfing. Sven Hedin resümierte: ... *ich habe mich hierzulande wie einer der größten Staatsmänner des Jahrhunderts benommen.*[130]

Die Gewißheit, dem Minister John Morley, der liberalen Regierung in England, kurz gesagt: dem gesamten British Empire ein Schnippchen geschlagen zu haben; der Stolz, nicht wie Alexander von Humboldt im vorigen Jahrhundert erfolgreich von den Engländern abgewimmelt worden zu sein; und die selbsteingestandene Bereitschaft, in Tibet *alles so bezaubernd und großartig*[131] zu finden, trug dazu bei, daß Sven Hedin späterhin entzückte Rückschau hielt und schwärmte:

Wunderbarer, unvergeßlicher Taschi-Lama! Nie hat ein Mensch einen so tiefen, unauslöschlichen Eindruck auf mich gemacht. Nicht als Gottheit in Menschengestalt, sondern als ein Mensch, der sich in Herzensgüte, Reinheit und Keuschheit der Grenze der Vollkommenheit so sehr nähert, als dies überhaupt möglich ist. Seinen Blick werde ich nie vergessen; er strahlt eine ganze Welt von Güte, Demut und Menschenliebe aus, und niemals habe ich ein solches Lächeln, einen so feingeschnittenen Mund, ein so edles Antlitz gesehen.[132]

Anderthalb Monate hielt sich Sven Hedin in der Residenz des Edel-

«Seine Heiligkeit der Pantschen Rinpotsche oder Taschi-Lama»

menschen auf, er nahm – in Frack, Chemisetthemd und Lackschuhen – am Neujahrsfest der Gläubigen teil, schlenderte durch die Gänge des Klosters Taschi-lunpo, zeichnete und fotografierte. Unablässig hörte er die Leute ihre mystische Glaubensformel murmeln: «Om mani padme hum»[133]. Überall stand der Satz gemeißelt und gemalt: «Oh, Kleinod in der Lotusblume! Amen». Lhasa reizte Hedin wegen der Abwesenheit des Dalai-Lama schon seit langem nicht mehr; statt dessen wollte er, sobald er hier genug gesehen hatte, jene Gebirgskette erkunden, von deren Existenz im unerforschten Gebiet er sich bereits am 27. Januar 1907 auf der Höhe des Sela-la überzeugt hatte und die er bald *Transhimalaja*[134] nannte.

Auf den Tag genau drei Monate später verließ er deshalb Schigatse und zog nach Westen zurück in die Berge. Er überquerte den Transhimalaja ein zweites Mal im Tschang-la-Pod-la von Osten nach Westen und ein drittes Mal im Angden-la von Norden nach Süden. Am 1. Juni starb sein Karawanenführer Muhamed Isa, aber nichts konnte Sven Hedins Vormarsch noch hemmen – *Muhamed Isas Tod und feierliche Bestattung* war vielmehr im erzählerischen Kalkül des Autors eine aus der Reihe *sehr dankbarer Situationen*[135] und stachelte ihn nur zur Fortsetzung des Marsches an. Immer weiter ging er parallel zum Kamm des Transhimalaja nach Westen, wobei er mehrere Male den Brahmaputra kreuzte, dessen Quelle er jetzt suchte, bis er dann am 13. Juli 1907 sicher war, sie nordwestlich vom Kubi-gangri-Massiv in 4864 Meter Höhe gefunden zu haben.

Nach wie vor aber hieß die Parole: *immer vorwärts*[136]. Und so überquerte Sven Hedin, den Reinhold Messner einmal den «beharrlichen Wanderer»[137] nannte, ein viertes Mal den Transhimalaja im Tseti-latschen-la von Süden nach Norden; nun war er auf der Suche nach der Quelle des Indus, die er am 10. September 1907 drei Tagesreisen nördlich des Kailas, des heiligen Berges der Tibeter, in 5165 Meter Höhe stolz für entdeckt erklärte.

Hier stand ich und fragte mich, ob wohl der mazedonische Alexander, als er vor 2200 Jahren über den Indus gegangen, geahnt hat, wo die Quelle liegt, und ich freute mich in dem Bewußtsein, daß außer den Tibetern kein anderer als ich bis an diesen Punkt vorgedrungen war. Große Hindernisse waren mir in den Weg gelegt worden, aber höhere Mächte hatten mir den Triumph beschert, an die wirklichen Quellen sowohl des Brahmaputra wie des Indus zu gelangen ...[138]

Gleichwohl: das Losungswort *immer vorwärts* hatte Sven Hedin einen solchen Schub gegeben, daß er nach der fünften Überquerung des Transhimalaja im Dschukti-la bei seiner Ankunft in Gartok in Westtibet feststellen mußte –: er hatte zwischen dem Angden-la und dem Tseti-latschen-la eine Lücke von 500 Kilometern *«unexplored»* gelassen.

Um seinen Triumph am Ende nicht durch einen weißen Sprenkel auf der Landkarte zu schmälern, stellte er in Gartok eine neue Karawane auf, mit der er am 20. Oktober in Richtung Ladak losritt: er wollte nach einem Schwenk nach rechts noch einmal aus Nordwesten in den Transhimalaja hinaufsteigen. Und da sich England eben erst mit Rußland klug darauf verständigt hatte, *während der drei nächsten Jahre nicht ohne vorhergehende Vereinbarung irgendeine wissenschaftliche Expedition – welcher Art sie auch sei –, in Tibet eindringen zu lassen und China aufzufordern, es ebenso zu halten*[139], beschloß er zugleich, wie vor sechs Jahren in Verkleidung durch Tibet zu ziehen.

Doch hatten früher dunkle Ahnungen seinen Abmarsch überlagert, so wähnte er sich jetzt von Anfang an in der Gunst der höheren Mächte und mithin unbesiegbar. *Derselbe Engel, der uns auf der vorigen Reise beschützt hatte, würde auch jetzt meine Schritte begleiten.*[140]

40 Grad Kälte galt es zu überstehen, vor tibetischen Beamten hatte er

Der ‹imperator triumphans› zusammen mit einigen Begleitern von der dritten Expedition am Fuße des Himalaja bei Poo, 1908

auf der Hut zu sein, und gegen Straßenräuber mußte er sich ebenso feien wie gegen die Torheit mancher seiner Diener. Doch am 15. April 1908 überquerte Sven Hedin den sechsten Transhimalaja-Paß (Samje-la), am

11. Mai den siebten (Sangmo-bertik-la) und am 12. Juli den achten (Surnge-la).

Auch wenn sich Sven Hedin bewußt war, nicht der erste Europäer gewesen zu sein, der diese Triften als Geograph durchwandert hatte, konnte er doch in Zukunft für sich in Anspruch nehmen, als erster Europäer einen Begriff von der wirklichen Beschaffenheit dieser gewaltigen *Bergkettenfamilie*[141] gewonnen und vermittelt zu haben.

Es war daher seinem Hochgefühl sehr angemessen, bei der Rückkehr nach Simla am 15. September 1908 Einzug wie ein Held zu halten. Und auch die scheinbar rührende Geste der Bescheidenheit, mit der er seinen Erfolg fortwährend auf das Walten von höheren Mächten zurückführen wollte, war nichts anderes als der Ausdruck seiner Überzeugung, ein Held der Art zu sein, die der in seinen Büchern stets präsente Tegnér 1813 besungen hatte. «Der Held» rief damals von sich aus:

Droben zwischen den Gestirnen
Ward geschrieben mir die Sendung,
Ihr gehorchend kam ich her.[142]

Mit den Worten Hedins hieß das in Prosa: *Seltsam, daß alles glückte! Mein Verdienst war es diesmal ebensowenig wie früher; ich war, wie immer, nur eine Marionette, und die Hand, die die Drähte regierte, schwebte oberhalb der Bahnen, auf denen die Wolken und die Sterne ziehen.*[143]

Drei Jahre war Sven Hedin mittlerweile von Stockholm fort – seit dem Sommer 1908 hatte man ihn in Schweden schon für verschollen gehalten wie Livingstone zuvor in Afrika –, aber noch immer ließ ihn *die Hand, die die Drähte regierte*, nicht los. *Immer vorwärts* trieb ihn das weiterhin gültige Losungswort. Und anstatt sich nach vollbrachter Großtat auf dem kürzesten Weg nach Hause zu begeben, reiste er deshalb in einem pompösen Finale über Japan, Korea und die Mandschurei heim.

Der Dampfer, der ihn von Åbo (Turku) in Finnland nach Stockholm bringen sollte, trug den Namen «Bore II». Aber in den Schären vor der Stadt kreuzte bei Furusund auch ein Lotsenboot mit dem Namen «Vega». – Auf dieses Boot stieg Sven Hedin mit seinem unnachahmlichen Gespür für große Gesten und Symbolik um, und dann fuhr er wie weiland Nordenskiöld auf einer «Vega» in den Hafen ein. *So will auch ich einst heimkommen*, hatte er sich am 24. April 1880 vorgenommen, und nun wurde er tatsächlich in der Mitte seines Lebens wie das große Vorbild unter dem Jubel der Bevölkerung vom Adjutanten des Königs und dem Stadtverordnetenvorsteher am Blasieholmskai willkommen geheißen.

Am genauesten dürfte in dem allgemeinen Glockenläuten, Hurraausrufen und Zylinderschwenken der Vorsitzende der Stockholmer Studentenschaft den Nerv des Heimkehrers getroffen haben, als er sagte: «Wir Studenten huldigen Ihnen heute als unserm Führer, der von einem tatenreichen Eroberungszug zurückgekehrt.»[144]

Bewegt dankte Sven Hedin für alle diese Anerkennung. Dann fuhr er

Fast ein Menschenalter nach Nordenskiöld kehrt am 17. Januar 1909 auch Sven Hedin auf einer «Vega» nach Stockholm zurück

aufs Schloß, um den Nachfolger Oscars II. zu begrüßen. König Gustaf V. beglückwünschte den vielgewandten Sohn seines Landes und verlieh ihm das Großkreuz des Nordsternordens. «Dann fuhr Sven heim.»[145]

Der Tag aber, an dem Sven Hedin nach seiner dritten Asien-Expedition so glanzvoll in Stockholm gefeiert wurde, trug das Datum des 17. Januar 1909. Und das war ein Sonntag.

Stellvertreterkrieg mit Wörtern

Der tosende Applaus für Sven Hedins Wiederbelebung der «gotischen Urkraft»[146] heizte im Land eine Stimmung gegenseitiger Schulterklopferei an, die der Weitfahrer noch schürte, als er am 22. Januar 1909 vor der Geographischen Gesellschaft zu Stockholm über seine Reise nach Tibet persönlich referierte.

Am selben Tag feierte in einer Drei-Zimmer-Wohnung in der Drottninggata 85 August Strindberg seinen 60. Geburtstag. Auch er erhielt Glückwunschtelegramme, Grußadressen und Blumensträuße, und seine Stücke wurden vielerorts gespielt – aber was waren diese stillen Freundlichkeiten gegen die dröhnende Euphorie um Sven Hedin? Was war das organisierte Spektakel von 5000 Schulkindern, die den strahlenden Hedin am nächsten Morgen im Park von Skansen hochleben ließen, gegen den spontanen Fackelzug von ein paar Jungsozialisten, die den kranken Strindberg am Abend seines Geburtstags mit der «Internationalen» aus dem Bett geholt hatten?

Trieb nicht die Gleichzeitigkeit der so ungleichen Feiern die in den letzten Jahren immer schärfer gewordene soziale Polarisierung der Schweden noch ein weiteres Mal auf die Spitze? Und schuf nicht die Möglichkeit, sich hinter widerstreitenden Leitbildern zusammenschließen zu können, eine gute Voraussetzung dafür, unter ihrem Schirm gefahrlos in den Klassenkampf zu ziehen? – Denn so wie Sven Hedin als außerparlamentarischer Repräsentant des 1906 an die Regierung gekommenen konservativen Ministerpräsidenten Arvid Lindman galt, der die Königsgewalt und die Religion im Volke wieder stärken wollte, galt August Strindberg seit kurzem als – wenngleich januskköpfige – Galionsfigur der schwedischen Sozialdemokraten. Deren Vorsitzender Hjalmar Branting hatte soeben erst in seiner Parteizeitung den Wunsch geäußert, Strindberg möge im Alter zu jener bahnbrechenden revolutionären Gesinnung seiner Jugend zurückfinden, «die nach wie vor wirkungsvoll ist und sich in neuen Geschlechtern regeneriert»[147].

Derselbe Hjalmar Branting hatte schon 1903, als der Reichstag über ein Gesuch Sven Hedins um einen Druckkostenzuschuß für die *Scientific Results* diskutierte, den Einwand gemacht: «Da dem Mann, um den diese Bewilligungsfrage entstanden ist, hier so viele Blumen gestreut worden

Sven Hedin. Gemälde von E. Österman, 1923

sind, könnte es vielleicht – ohne daß ich damit sagen will, daß etwas von diesem Lob unberechtigt gewesen sei – angebracht sein, daran zu erinnern, daß gewisse Seiten des Auftretens dieses Mannes derart sind, daß sie weder ihm selbst noch unserm Land ganz ungeteilt zur Ehre gereicht haben.»[148] Deshalb votierte er gegen den Zuschuß.

Ein Jahr später, 1904, hatte sich August Strindberg, der Verächter Karls XII., dem der selbsternannte Carolus redivivus ohnehin ein Dorn im Auge war, in seinem Schlüsselroman «Svarta fanor» («Schwarze Fahnen») über einen Reisenden lustig gemacht, der als Schranze eines Herrn Smartman «nur kartographisch erfaßte Länder bereist und sich vor größeren Flußläufen ja in acht genommen hatte»[149].

August Strindbergs somit weit zurückreichende und von den Sozialdemokraten seit langem geteilte Aversion gegen Sven Hedin garte über die Jahre hinweg in Briefen und in «En ny blå bok» («Ein neues Blaubuch», 1908) auf kleiner Flamme weiter, bis der Dichter vom Pomp um die Begrüßung des heimgekehrten Forschers gereizt, vom Zustandekommen des im August 1909 ausgebrochenen Generalstreiks ideologisch gefestigt, von der Verleihung des Nobelpreises für Literatur an Selma Lagerlöf gekränkt und von den Gründern der radikalliberalen Zeitung «Afton-Tidningen» als Journalist mobil gemacht schließlich zur offenen Attacke schritt.

Nachdem er die Verehrer Karls XII. bereits am 29. April 1910 als Anhänger eines «Pharaonen-Kults»[150] diffamiert und damit einen Streit vom Zaun gebrochen hatte, der die Nation zwei Jahre lang in Atem hielt, veröffentlichte Strindberg am 13. Juli in «Afton-Tidningen» einen Artikel mit der Überschrift «En Svensk Karta över Lop-nor och Tarimbäckenet» («Eine schwedische Karte über den Lop-nor und das Tarimbecken»). Er hatte diese Karte des karolinischen Artillerieoffiziers Johan Gustaf Renat (1682–1744) ungefähr im Jahre 1878 in Uppsala gefunden und ließ sie nun – in einer Kopie – drucken, um deutlich zu machen, «daß Hedin nicht der erste Schwede»[151] am Lop-nor gewesen war. Der Sinn des Ganzen bestand darin, nunmehr auch Hedin in die «Strindbergfehde» hineinzuziehen.

Doch der Vielbeschäftigte mußte erst von der Redaktion der Zeitung «Dagens Nyheter» um eine Stellungnahme zu dieser Herausforderung gebeten werden. Sie erschien am 18. Juli in Form eines Briefs, in dem Sven Hedin sachlich darauf hinwies, wie wenig wahrscheinlich es sei, daß Renat selbst den Lop-nor gesehen hat. Gleichwohl: *Ich bin Strindberg aufrichtig dankbar dafür, daß er meine Aufmerksamkeit auf diese Karte gelenkt hat ...*[152]

August Strindberg muß befürchtet haben, daß ihn Sven Hedin ins Leere laufen lassen würde – jedenfalls hatte er schon am Tag zuvor zum großen Tiefschlag ausgeholt: unter dem Titel «Upptäckar-Humbug» («Entdecker-Humbug») publizierte er einen fiktiven Dialog, auf dessen Höhepunkt Sven Hedin als Scharlatan gegeißelt wurde:

«‹Seine schauderhaft gründliche Art, die Spur des Windes in den Sandhaufen und die Himmelsrichtung unbedeutender Wasserläufe zu photographieren, füllt Bände, ohne einen rechten Begriff von dem Lande zu vermitteln. Dagegen erhält man gewisse falsche Begriffe, wie zum Beispiel, daß Hedin als erster in Tibet und Lhasa eingedrungen sei und mit dem Dalai-Lama gesprochen habe (in welcher Sprache?). Er sagt es nicht rundheraus, verleiht aber seiner Darstellung den Anstrich, als wäre es der Fall.›

‹Hat er denn also kein neues Land entdeckt?›

‹Nein, weder das Tarimbecken, den Lop-Nor (See), die Wüste Gobi noch Tibet ...›

Wie ein Wilder um sich dreschend – August Strindberg.
Karikatur von C. Jacobsson, 1910

‹Warum also sollen die Stadträte, die Schuljugend, das Ritterhaus und Skansen zusammengetrommelt werden?›»[153]

August Strindberg, der Sven Hedin in keinem Punkt an geographischer Kompetenz gewachsen war, verwechselte zudem den Taschi-Lama mit dem Dalai-Lama und hatte offenbar auch übersehen, wie oft der Abenteurer es beklagte, Lhasa nicht erreicht zu haben – jene Stadt, die vor ihm nach eigener Auskunft schon so viele betreten und beschrieben hatten. Der reizbare Dichter hatte um seinen Ruhm ein Leben lang schwer gerungen, und jetzt litt er – das ist unverkennbar – am schnell und scheinbar leicht erworbenen Ruhm des Asienfahrers. Dieses Leiden aber zeugte eine Polemik, in der August Strindberg entsprechend dem von Rudolf Kjellén später einmal in der «Fehde» vorgebrachten Satz: «In seiner Heldenverehrung spiegelt das Volk seine Seele»[154] recht eigentlich nicht gegen Hedin stritt, sondern gegen den Geist, der Sven Hedin so hoch emporgetragen hatte: den bürgerlichen Konservatismus.

Obwohl es dem Angegriffenen ein leichtes gewesen wäre, dem belfernden Strindberg im wissenschaftlichen Scheingefecht abermals kühl eine Abfuhr zu erteilen und ihn dadurch als den törichten Dilettanten stehen zu lassen, der er auf diesem Felde war, ließ sich Sven Hedin am Schluß seiner Antwort vom 22. Juli zu einer Äußerung hinreißen, die er bald bereute und die ihm sogar seine Freunde später kaum verzeihen mochten. In Anspielung auch auf Strindbergs Krankheit schrieb er:

Ja, es ist schade um ihn! Man geht an seiner Wohnung hier in Stockholm vorbei und hat das Gefühl, als wäre es ein Trauerhaus, in dem die Bahre schon bereit steht. Und dennoch sitzt er weiterhin da oben und schreibt, einsam in seinem Haß, und verzehrt sich Tag und Nacht vor Neid, schlimmer als ein Weib vor Eifersucht. Ein blasser Schimmer aus vergangenen lichteren Zeiten ist der einzige Lorbeer, der sein Silberhaar noch schmückt.[155]

August Strindberg glaubte, als er dies las, die Bestätigung erhalten zu haben, daß getroffener Hund bellt, und so fuhr er fort mit seinen Invektiven. Nur fiel ihm nichts Besseres mehr ein, als gegen die Letterngröße von Sven Hedins Namen auf den Buchrücken zu polemisieren, ihm zu unterstellen, er habe irgendwo Goldsand gefunden («aber das soll ein Geheimnis sein»[156]), und ihn auf Grund einer Abbildung des Taschi-Lama in *Transhimalaja* wegen seiner Verehrung für «diesen ausgemachten Verbrechertyp»[157] zu verspotten (was immerhin eine Schwachstelle bei Sven Hedin traf, weil dieser selbst ganz unglücklich über die Reproduktion war, die *gerade der Gegensatz zu der Beschreibung im Text*[158] ist).

Nachdem die Auseinandersetzung auf solch ein Niveau hinabgesunken war und Strindberg seine Aufsätze Anfang August unter dem Titel «Tal till Svenska Nationen» («Reden an die schwedische Nation») in Buchform herausgegeben hatte, machte Sven Hedin dem Gezänk ein Ende und veröffentlichte drei Wochen später die Broschüre *Svar på «tal»* (*Antworten auf «Reden»*).

Auch wenn er jetzt im großen und ganzen sachlich blieb, gab er doch – sat sapienti – auf äußerst raffinierte Weise zu verstehen, was er nach wie vor von August Strindberg hielt: er setzte vor die kleine Schrift ein paar harmlos wirkende Sätze von Esaias Tegnér. Schlägt man aber den Kontext auf, in dem sie bei Tegnér stehen, dann kommt man dahinter, daß der sie auf einen Poetaster gemünzt hatte, von dem er sagte: «Sein Name hat sich auf fast allen Gebieten unserer Literatur ausgebreitet wie die Distel auf dem Brachfeld»[159] ...

Und trotzdem! Vergeblich waren die Sottisen Strindbergs nicht gewesen, denn es war ihm gelungen, Hedin in diesem letztlich politisch motivierten Streit zu zwingen, vor der Öffentlichkeit – und vor sich selbst! – expressis verbis Stellung zu beziehen.

Das Kabinett Karl Staaff (dritter von links) im Jahre 1911

Denn war sich Sven Hedin wirklich bewußt, in welchem Umfang die ihm vertraute Ordnung im Lande längst im Wanken war? «Leider kommt Sven», schrieb Alma Hedin, «infolge seiner Arbeit, die ihn entweder außer Landes führt oder an sein Arbeitszimmer fesselt, sehr selten mit der Arbeiterklasse in Berührung.»[160] Von den 25 Jahren seit seinem Abitur hatte er, wenn es hoch kommt, ein aus lauter kurzen Intervallen bestehendes Fünftel in Schweden verbracht – bei intensiver Nachtarbeit meistens, denn er pflegte seine Bücher grundsätzlich nachts zu schreiben. Dem Geist der Zeit dürfte er da nur selten begegnet sein; den hatte er vielmehr in Asiens Wüsten veralteten Zeitungen entnommen.

Die Tatsache aber, daß ein ganzes gesellschaftliches Lager inzwischen Strindbergs Ausfälle gegen ihn mit hämischer Genugtuung unterstützte, führte ihm drastisch vor Augen, daß die Neuordnung Schwedens kein theoretisches Problem war, das sich mit spitzer Feder lösen ließ. Hier war in der Tat ein radikaler Umbruch im Gange, und Sven Hedin versuchte in ihm, von den alten Maßstäben und Werten für *König, Volk und Vaterland* zu retten, was zu retten war. Wie destruktiv der Geist der neuen Zeit war, hatte ihm, wie er meinte, die Konfrontation mit Strindberg zur Genüge gezeigt.

Als sich bald danach in Europa die Zeichen eines großen politischen Konflikts zu mehren begannen, griff Sven Hedin deshalb um so überzeugter seinen alten Gedanken von der Stärkung der schwedischen Verteidigungskraft wieder auf.

Im Jahre 1911 war das deutsche Reich wegen der Ausdehnung des französischen Einflusses in Marokko und der damit einhergehenden Behinderung der wirtschaftlichen Aktivitäten der Deutschen in dieser Region mit seinem westlichen Nachbarn in Konflikt geraten; Italien und die Türkei befanden sich 1911 und 1912 in einer bewaffneten Auseinandersetzung um Tripolis; die Balkanfrage, um deren Lösung alle europäischen Großmächte vorerst noch diplomatisch rangen, war weiterhin offen – Krieg stand als Menetekel überall am Horizont.

In Schweden, wo man schon Anstalten gemacht hatte, die Verteidigungsbereitschaft des Landes durch den Bau eines Panzerkreuzers der sogenannten F-Klasse zu erhöhen, war der administrative Entscheidungsprozeß durch den großen Stimmenzuwachs der Sozialdemokraten in den Wahlen vom Herbst 1911 und die dadurch erzwungene Übernahme der Regierung durch den Liberalen Karl Staaff ins Stocken geraten und am 19. Dezember endgültig angehalten worden.

Da konstituierte sich am 26. Januar 1912 nach dem Vorbild deutscher «Flottenvereine» ein «Schwedischer Panzerkreuzer-Verein» und rief auf seiner ersten Sitzung zu einer landesweiten Spendenaktion zugunsten jenes «F-Bootes» auf. 10000 Kronen kamen von Sven Hedin, der zwei Tage zuvor sein Pamphlet *Ett varningsord* (*Ein Warnungsruf*) veröffentlicht hatte, «die vermutlich wirkungsvollste politische Propagandaschrift»[161] der schwedischen Literatur.

Ursprünglich hatte sich Hedin gegen seine Beteiligung an der Verteidigungsdebatte mit dem Vorbehalt gesträubt: *Ich, der ich bloß in Asien daheim bin und von den aktuellen militärischen Fragen nichts verstehe!*[162] Dann aber war ihm Gabriel Hedengren, ein Major der schwedischen Armee, als Berater zur Seite gesprungen und hatte ihn mit den notwendigen inside-Informationen für den *Warnungsruf* versorgt.

Noch einmal trug Sven Hedin in dieser Broschüre – Erstauflage 420000 Exemplare! – seine These von Rußlands expansionistischem Drang nach Westen vor, dem eines Tages weite Teile von Europa zum Opfer fallen müßten. Eindringlich versuchte er, seinen Landsleuten ein Bild davon zu machen, was da nach einem mehr als hundertjährigen Frieden auf sie zukommen würde:

Stellen wir uns Stockholm nach dem Kampfe vor. Mit den Versammlungen im Volkshause ist es vorbei – dort wohnt ein fremder General. Patrouillen durchstreifen alle Straßen. Den Bürgern der Stadt ist es bei Todesstrafe verboten, nach 7 Uhr auch nur zum Fenster hinauszuschauen ...

In Stockholm ist es seltsam öde und still geworden: nur von Zeit zu Zeit hört man Trommelwirbel, Pferdegetrappel oder den schweren Tritt anrückender Truppen. Fast jeder bürgerliche Straßenverkehr hat aufgehört. Keine Zeitungsjungen hört man ihre Blätter ausrufen.

Der versammelte Reichstag ist im Trubel aufgelöst worden, und die Regierung ist Hals über Kopf in das Innere des Landes geflüchtet. Die neuen eleganten Häuser am Außenrande des Norrmalms und des Södermalms sehen nach der Beschießung entsetzlich mitgenommen aus. Doch nun ist der Kampf ja zu Ende. Er ist verzweifelt und hoffnungslos gewesen. Mit einer feindlichen Einquartierung verglichen ist ein großer Streik ein Kinderspiel, ein Urbild der Ruhe, der Ordnung und des Überflusses![163]

Sven Hedin hatte den Nerv seiner Zeit so genau getroffen, daß man fortan ihn für den Urheber der «F-Boot-Sammlung» hielt. Nach drei Monaten waren 15000000 Kronen auf dem Konto des «Schwedischen Panzerkreuzer-Vereins» eingegangen, im Sommer waren es 17200000 Kronen – und damit mehr Geld, als man für ein Schiff überhaupt benötigte.

Nach einigem Hin und Her nahm die Regierung Staaff dieses Geld schließlich an, ohne daß die sozialdemokratischen Reichstagsabgeordneten hiergegen Einspruch erhoben, und so konnte bereits am 3. Mai 1915 das erste Schiff, die «Sverige», in Göteborg vom Stapel laufen. – Sven Hedin hatte sich damit abermals erfolgreich an die Spitze einer vaterländischen Bewegung gestellt, der sich die Basis der inzwischen noch stärker gewordenen Linken jetzt voll Wut – auch auf die eigenen Leute – entgegenwarf. Tag um Tag flogen in den Zeitungen und Streitschriften buchstäblich die Fetzen. Von links nach rechts und rechts nach links überhäufte man sich mit Kränkungen und Vorwürfen. Als die liberale «Göteborgs Handels- och Sjöfartstidning» ihre Leser darüber informierte, daß «bei dem guten Doktor zweifelsohne eine Schraube locker ist»[164], zählte man solche Malice noch eher zur fidelen Kritik.

Den Vogel in dieser Massen-Tirade schoß einmal mehr August Strindberg ab, der Sven Hedin in einer Serie von Artikeln in «Afton-Tidningen» und «Social-Demokraten» einerseits beschuldigte, er sei im Dienste Rußlands ein Spion in Schweden, ihm aber andererseits unterstellte, er sei im Dienste Schwedens ein Agent in Rußland gewesen. Am 27. Januar 1912 behauptete er, Sven Hedin führe in einer Art self-fulfilling prophecy nichts anderes im Schilde als Kriegshetze gegen den Osten, am 14. Februar freilich tat er kund: «Wir alle wissen, gegen wen sich diese Rüstung richtet: ‹Gegen den inneren Feind!›»[165]

Ein einziges Mal war Strindberg – der kurz darauf am 14. Mai 1912 starb – in diesem letzten Wortgefecht in die Nähe der Wahrheit geraten. Denn Sven Hedin bemühte sich tatsächlich, sein Land um der alten gustavianisch-oscarianischen Ordnung willen sowohl vor dem inneren wie dem äußeren Feind zu beschützen. Der äußere Feind war ihm Rußland, der innere die Sozialdemokratie.

Nur eben –: je exponierter Sven Hedin gegen die Linke Alarm schlug, desto fester reihte er sich in die Phalanx der Rechten ein. Als deren Sprecher war er beim Ausbruch des lange befürchteten Krieges in Europa nicht mehr der allein ausziehende Nationalheld, dessen Stiefel gemeinhin als sakrosanktes Symbol für schwedische Manneskraft galten, sondern er war ein Parteigänger des Konservatismus, dessen ledernes Schuhwerk ein großer Teil des Volkes für den lächerlichen Inbegriff von chauvinistischer Hybris hielt.

Der Abenteuerschriftsteller wird Frontberichterstatter, oder: *einige Aufnahmen von dem malerischen Soldatenleben*

Obwohl man im Ausland das politische Engagement Sven Hedins schon seit langem beobachten konnte – in der «Woche» hatte er 1904 Englands Invasion in Tibet getadelt, die «Times» hatte 1905 seinen Schlagabtausch mit Nansen über das Problem der schwedisch-norwegischen Union abgedruckt, «Nówoje Wremja» hatte ihre Leser 1912 davon unterrichtet, daß sich Sven Hedin in einer «Schandschrift aus dem Hinterhalt auf das gegen ihn und sein Vaterland völlig unschuldige Rußland»[166] gestürzt habe, und «La Revue de Paris» berichtete 1914 ausführlich über seine Bereitschaftsansprachen –, obwohl man also im Ausland inzwischen erkannte, daß Sven Hedins literarische Grundlegung einer karolinischen Renaissance zugleich ein Prolegomenon seiner politischen Parteinahme für Schwedens Konservative war, galt der Weltnomade dort weiterhin als der Abenteuerschriftsteller. Sein Signum war der Stiefel.

Demgegenüber –: obwohl man im Inland die publizistische Produktivität Sven Hedins fortgesetzt bestaunen konnte – er schrieb zwischen 1909 und 1913 seine beiden Reiseschilderungen *Öfver land till Indien* (*Zu Land nach Indien*, 1910) in zwei Bänden (= 1117 Seiten) und *Transhimalaya* (*Transhimalaja*, 1909–12) in drei Bänden (= 1849 Seiten), außerdem nach dem Vorbild von Selma Lagerlöfs «Nils Holgersson» (1906/07) das Schulbuch *Från pol till pol* (*Von Pol zu Pol*, 1911) in zwei Bänden (= 1076 Seiten) und als Jugendlektüre *Scoutliv i Tibet* (*Scoutleben in Tibet*, 1913) in einem Band (= 371 Seiten) –, obwohl man also im Inland gar nicht umhinkam, die Flut der Berichte des fleißigen Autors zur Kenntnis zu nehmen, hatte sich Sven Hedin bis zum Ausbruch des Ersten Weltkriegs durch seinen temperamentvollen Einsatz für die Aufrüstung Schwedens als der Agitator seines Landes profiliert. Sein Signum war die Trompete.

Ein Warnsignal nach dem andern ließ er erschallen, während noch am 29. Januar 1914 Zeth Höglund vor den Jungsozialisten dozierte: «... die Entwicklung führt uns mit jedem Tag dem Weltfrieden näher.»[167] – Doch Sven Hedin hatte recht: am 28. Juli 1914 erklärte Österreich-Ungarn Serbien den Krieg, am 1. August folgte die Kriegserklärung Deutschlands an Rußland, am 3. August die an Frankreich und am 4. August die Englands an Deutschland. Der große europäische Krieg, der sich schnell zum Ersten Weltkrieg ausweiten sollte, war in vollem Gange.

Sven Hedin setzt Gustaf V. mit seinem Entwurf einer Rede an die schwedischen Bauern so ins Bild, daß er dem deutschen Kaiser gleicht. Karikatur von G. Ljunggren, 1914

Albert Brockhaus übermittelte am 4. August aus Leipzig ein schneidiges Hurra! nach Stockholm und rief: «Es geht vorwärts! Sie und wir verhauen die Russen!»[168] Und Sven Hedin gab emphatisch zurück: *Die Weltgeschichte kennt nichts Großartigeres als diesen deutschen Krieg gegen fast ganz Europa, und nichts Schändlicheres als Englands Politik.*[169]

Könnte es da nicht aller Welt eine Lehre sein, von diesem Mann zu erfahren, wie sich die Wiederherstellung der natürlichen Rangordnung der Völker im einzelnen vollzog ...? Brockhaus hatte den absatzfördernden Gedanken noch gar nicht zu Ende gedacht, da hatte Sven Hedin schon seine Planung einer vierten Asien-Expedition aufgeschoben und war am 11. September über Berlin an die Westfront gefahren. Sein desiderium incogniti war diesmal nicht mehr auf die Eroberung unbekannter Länder gerichtet: jetzt galt es, dem erhebenden Schauspiel eines wirklichen Feldzugs beizuwohnen.

Und so fügten sich Stiefel und Trompete, ohne anzuecken, dem mitreißenden Marschrhythmus deutscher Militärkolonnen. Der Traum des Schreibtisch-Strategen vom Schlachtfeld war Wirklichkeit geworden. Ja: *Ich werde auch voraussagen können – und das ist freilich nicht so schwer –, daß die deutschen Armeen überall siegen werden.*[170]

Denn anders als Schweden konnte sich Deutschland auf eine hochgerüstete Militärmaschinerie stützen, die Sven Hedin in allen ihren Einzelheiten gründlich studieren wollte (*Wie lehrreich, auch einmal zu sehen, wie es auf der Feldpost zuging*[171]). Er hatte vor, seinen Landsleuten mit der umfassenden Beschreibung deutscher Kriegsführung ein nachahmenswertes Beispiel der Wehrhaftigkeit eines ganzen Volkes zu geben.

Und so reiste er während zweier Monate im Automobil die Westfront entlang: er dinierte mit dem Kaiser im Großen Hauptquartier in der Stadt Luxemburg, mit dem Kronprinzen in Stenay und später mit dem Reichskanzler von Bethmann Hollweg wiederum im Großen Hauptquartier. Auch nippte er gelegentlich von der Kraftbrühe einer Gulaschkanone. *Vom 27. Oktober berichtet mein Tagebuch nur wenig. Zunächst schlief ich gründlich aus. Als ich im Hotel mein spätes Frühstück einnahm, kam ein*

Albert Brockhaus. Pastell von A. Klamroth

«Während der nächste Schuß geladen wurde, entwarf ich die (hier) wiedergegebene, sehr unvollkommene Skizze, aber es verlangt wohl niemand, daß man Geistesgegenwart und Kaltblütigkeit zu ausführlichen Zeichnungen hat, wenn man jeden Augenblick mit Schrappnells überschüttet werden kann.» Bleistiftzeichnung von Sven Hedin, 1914

stattlicher Offizier gerade auf meinen Tisch zu. Er lächelte schelmisch, ob ich ihn wohl wiedererkennen würde. Ja, natürlich, ich rief seinen Namen, ehe er noch ein Wort hervorgebracht hatte: Herzog Adolf Friedrich zu Mecklenburg![172]

Aus dieser table d'hôte-Perspektive erlebte Sven Hedin den Weltkrieg horazisch und fand, daß es für die deutschen Landser nichts Schöneres und Ehrenvolleres gab, als für ihr Vaterland zu sterben. Sei es im Schützengraben, sei es im Lazarett, sei es in der Etappe, sei es in der Schlacht – stets waren die deutschen Soldaten, wie es der überlebende Reporter aus Schweden sah, beseelt von einer Kampfeslust, die keine Todesfurcht kannte. Am Ende zogen sie alleweil als germanische Helden über Bifröst in Walhall ein.

Die Verwundeten lagen auf Stroh auf dem nackten Boden. Ich betrete ein kleines Gelaß, das Küche gewesen ist. Dort liegen sechs Mann bequem und weich auf dem Rücken – alle in schwerem Schlaf. Sie müssen furchtbar müde sein, da sie noch um 11 Uhr so gut schlafen. Man tritt so leise wie möglich auf, um sie nicht zu wecken. Aber – würde man sie auch zum Kampf rufen, sie würden doch nicht aufstehen, sie würden fortfahren, mit ruhigen, friedlichen Atemzügen zu schlafen, ein Lächeln auf ihren Lippen.

Aber warum schlafen sie so tief? Sie sind alle in den Kopf geschossen, und bei den meisten ist die Kugel noch nicht entfernt!

Hier ist ein Reservist. Was für ein Prachtkerl! Was können Romanen, Slawen, Kelten, Japaner, Neger, Hindus, Ghurkas, Turkos und wie sie sonst noch heißen, gegen solche Gestalten echt germanischer Art ausrichten? Seine Züge sind vornehm, und er scheint mit seinem Tagewerk zufrieden; er bereut nicht, daß er sein Leben für Deutschlands gerechte Sache geopfert hat.[173]

Indem Sven Hedin diesen Krieg als einen *Kampf der Germanen*[174] interpretierte, konnte er ihn auch zur Sache der Schweden machen und abermals warnend gegen *den impotenten Wankelmut der Neutralität*[175] polemisieren – darüber hinaus konnte er den Eintritt Englands in den Krieg erbittert als Verrat an der gemeinsamen Rasse beklagen, einer Rasse, die es gegen jene Völker zu verteidigen galt, die *am Gängelband der republikanischen Demokratie*[176] in ihr Unglück geführt worden waren und deren Kinder *vergebens die anscheinend stolzen, in Wirklichkeit aber leeren und hohlen Worte stammeln: «Liberté, Egalité, Fraternité!»*[177]

Es entbehrt nicht einer gewissen Pikanterie, daß der rassistische Bericht, den der 1/16 Ahasverus Hedin nach seiner Rückkehr von der Front im Westen innerhalb von sieben Wochen niederschrieb, in Deutschland *Ein*

Die Schwerverwundeten im Lazarett von Séchault.
Bleistiftzeichnung von Sven Hedin, 1914

Volk in Waffen hieß: das war das geflügelte Wort des Juden Flavius Josephus, das kurz vor seinem Tod August Strindberg in einem Aufsatz gegen Sven Hedin schlitzohrig zitiert hatte.[178]

Am 8. Februar 1915 erschien die erste Frontreportage Hedins in Schweden, und schon am 25. Februar – eine Woche nach seinem 50. Geburtstag – setzte sich der Autor mit Sturmschritten an die Ostfront in Marsch, um *ein besonderes Buch über den Krieg gegen Rußland zu schreiben*[179].

Denn hier war es nun: *das Raubtier*[180], der altböse Feind, der Karl XII. 1709 bei Poltawa geschlagen und Schweden 1809 in Fredrikshamn erniedrigt hatte ... und deutschen Truppen war es jetzt vergönnt, als Rächer Rußland ein für allemal auf die Knie zu zwingen! *Und ich, der ich zum zweitenmal gekommen war, um den Kampf um das Fortbestehen des Germanentums zu schauen – diesmal im Osten –, diesen Kampf der früher einmal mit guten schwedischen Schwertern ausgefochten wurde, ich vermißte wohl die blaugelben Farben, wurde aber doch von einem Gefühl des Stolzes erfüllt: denn hier lebte und kämpfte ein Volk, das in allen Stücken den Helden Karls XII. verwandt war.*[181]

Bald in zwei Automobilen, bald im Salonwagen reiste Sven Hedin 12000 Kilometer an der Front auf und ab, er tafelte mit Hindenburg und

Sven Hedin vor einem gefallenen deutschen Soldaten an der Ostfront, 1915

Ludendorff im Hauptquartier bei Lötzen in Ostpreußen, machte bei Giby selbst zwei russische Gefangene, flog in den Karpaten mit einem Doppeldecker über die feindlichen Linien, traf in Galizien Kaiser Wilhelm II. und Kaiser Franz Joseph I. in Wien, im Juni 1915 besuchte er das eben erst gefallene Lemberg und im August das jüngst eroberte Warschau – beide Male in Begleitung des Deutschen Ludwig Ganghofer. Tegnérs Gedicht «Carl XII.» war wie niemals zuvor gut als Losung dieser Tage –: «Aus dem Wege, Moskowiter!»[182]

Dem Neo-Karoliner, der 1916 auch den Kriegsschauplatz in Asien zu besichtigen fuhr und gleich noch einen Abstecher nach Jerusalem anschloß, verklärte sich in seinen Berichten Deutschland, Deutschland über alles so sehr, daß ihn die Royal Geographical Society und die Légion d'honneur mit Wucht aus ihren Reihen warfen (die Kaiserlich Russische Geographische Gesellschaft hatte ihn schon 1912 gefeuert) und der schwedische Schriftsteller Karl Gustav Ossiannilsson in seinem Buch «Sven Hedin – adelsman!» [Sven Hedin – Adelsmann!] 1917 ausrief: «Die Schweden erkennen Sie nicht als Führer und auch nicht als Repräsentanten an. Sie wollen nicht, daß das Ausland denkt, Sie und die Schweden hätten etwas gemein. Sie haben die Menschheit verleugnet, Sven Hedin, und im Gegenzug werden Sie jetzt vom Volk der Schweden verleugnet. Wir kennen Sie nicht.»[183]

So geblendet war Sven Hedin, der ausgezogen war, das wahre Heldenleben zu studieren, vom Imponiergehabe deutscher Majestäten und Exzellenzen, daß ihm in seinem (und dies ist eine Wortbildung von Brockhaus) «germanisch-patriotischen»[184] Höhenrausch am Ende eitle Wunschträume die Erkenntnis der Wirklichkeit ersetzten. Aus Stockholm schrieb er am 16. September 1918 an den Verleger in Leipzig: *Es muß alles gut gehen, sonst lohnt es sich nicht mehr zu leben in dieser Welt.*[185]

Aber zwei Monate später war der Krieg für Deutschland verloren. Der «hohe Geist» Karls XII. verschwand irritiert wieder in der Versenkung. Und Sven Hedin verstand die Welt nicht mehr. *Aufrichtig gestanden, ekelt mich die ganze Welt ...*[186]

Helfer und Helden

Die meisten Jahre zwischen 1885 und 1909 hatte Sven Hedin in Asien zugebracht. Und was daheim von seinen Taten in Asien zu erzählen war, das hatte er selbst erzählt. Er selbst hatte sich dabei als einen Helden in Szene gesetzt, der – wie es Art der Helden war seit Vor- und Frühzeit – einsam durch die Weite streifte, um jahrein, jahraus kühne Abenteuer zu bestehen. Er war, so mochte es scheinen, ein vom Schicksal Auserkorener, und sein Erdenwirken diente nur dem Zweck, sich in seiner Rolle als Lichtbringer ständig zu bewähren.

Solange Sven Hedin diese Rolle spielte, hatte er Erfolge dort, wo das Menschenbild der Leute unter anderem vorgezeichnet war von Männern wie Thomas Carlyle: 1841 hatte der in seinem Buch «On Heroes, Hero-Worship, and the Heroic in History» («Ueber Helden, Heldenverehrung und das Heldenthümliche in der Geschichte») gleich am Anfang «das Groß-Lamathum» als Beispiel für einen beherzigenswerten Glauben zitiert, «daß die Vorsehung fortwährend eine Fleischwerdung ihrer Selbst allen Geschlechtern zusende»[187].

Der fromme Christ Hedin sympathisierte mit solchen Gedanken – was für seine Darstellung des Menschen zur Folge hatte, daß er ihn selten anders beschrieb als im Lichte seines sozialen Ranges. Dabei blieben individuelle Züge immer dann bedeutungslos, wenn es sich – denn Frauen waren meist nur Tafelschmuck und Gattenzier – um hochgestellte Männer handelte, deren Faszinosum allein in der Erhabenheit ihrer Position lag.

Kritisch konnte die Sicht auf solche Großen niemals sein, denn ihre Größe wurde stets von ihrer Größe illuminiert.

Punkt 1 Uhr wird die Tür des Vestibüls geöffnet, und Kaiser Wilhelm tritt mit festen, ruhigen Schritten herein. Aller Augen richten sich auf die mittelgroße, kraftvoll gebaute Gestalt. Es wird vollkommene Stille, man fühlt: eine große Persönlichkeit ist ins Zimmer getreten ...

... Seine scharfe Auffassung und sein glänzendes Charakterisierungsvermögen verraten den Beobachter und Künstler, sein kluges Sprechen den Staatsmann, seine energische Haltung, seine ausdrucksvollen Bewegungen und prächtigen Schlachtenschilderungen den Feldherrn, sein verbindliches Wesen Bescheidenheit und Menschenfreundlichkeit, und seine männlichen, befehlenden Worte den Herrscher, der an Gehorsam gewöhnt ist.

Wilhelm II. von Deutschland

Paul von Hindenburg

210. Targo-gangri, von einem Hügel bei Lager 150 aus. In N 32° W Serschik-gumpa, in N 26°—13° W der Dang

211. Tschomo-utschong-Massiv, vom Kintschung-la aus, 23. Mai

212. Kubi-gangri, von Lager 201 aus. In S 19° O der Ngomo-dingding mit dem Ngomo-dingding-Glets
In Südsüdwest bis Südwest das Muktschung-simo-Massiv.

Skizzen des Verfassers.

Glücklich das Volk, das besonders in unruhigen Zeiten einen Herrscher besitzt, der das Vertrauen aller genießt, und an dessen Beruf niemand zweifelt.

Aber es ist auch ein Paar Augen, die eine wunderbar magnetische Kraft haben und alle fesseln, sobald der Kaiser hereintritt. Es ist, als würde der ganze Raum heller, wenn man den ruhigen blauen Augen des Kaisers begegnet. Seine Augen sind merkwürdig ausdrucksvoll. Sie erzählen vor allem von unerschütterlicher Willenskraft und eiserner Energie. Sie erzählen von Wehmut über die Blindheit derer, die nicht einsehen wollen, daß er nur das will, was Gott gefällig und seinem Volke nützlich ist. Sie erzählen auch von sprudelndem Witz, von durchdringendem Verstand, dem nichts

Drei jener Gebirgspanoramen, die wegen ihrer Präzision die Forscherwelt verblüfften. Bleistiftzeichnungen von Sven Hedin, 1907

Menschliches fremd ist, und von unwiderstehlichem Humor. Sie erzählen von Ehrlichkeit, Wahrheitsliebe und einer Aufrichtigkeit, die niemals den Blick abirren läßt, der einem fest und unerschütterlich durch Mark und Bein dringt.[188]

Betäubt vom Nachhall dieser Eloge notierte Kurt Tucholsky später in sein Tagebuch: Sven Hedin «hat sich im Kriege, als neutraler Schwede, in geradezu ekelerregender Weise um das Hineinkriechen in das kaiserliche Rektum bemüht»[189]. Doch der Vorwurf war falsch. Sven Hedin wähnte vielmehr, in der vermeintlichen Auserwähltheit großer Männer eine weitere Bestätigung dafür zu finden, daß seine eigene Auserwähltheit möglich war. Im Grunde fühlte er sich im Dunstkreis der Großen unter seinesgleichen.

Diese Identität der Großen untereinander bedingte, daß auch ihre literarische Charakterisierung über Jahrzehnte hinweg stereotyp blieb: unter dem Einsatz immer derselben Superlative wurde da die Wirkung der äußeren Erscheinung auf Sven Hedins Sinne beschrieben. Und am Ende waren noch die Größten der Großen austauschbar – so hieß es 1909 vom Taschi-Lama: *Nie hat ein Mensch einen so tiefen, unauslöschlichen Eindruck auf mich gemacht*[190], und 1950 schrieb Sven Hedin von seinem akademischen Lehrer in Berlin: *Im Laufe der Jahre bin ich mit vielen an Rang, Gelehrsamkeit und Berühmtheit hervorragenden Persönlichkeiten zusammengekommen. Aber keine machte auf mich einen tieferen, gewaltigeren und nachhaltigeren Eindruck als Ferdinand von Richthofen.*[191]

Wo es demnach keine Differenzen im vorgestellten Erscheinungsbild der großen Männer gab, genügten zur bildhaften Präsentation ihrer Würde Fotografien von uniformen Posen. Dabei mochte der eine Mann vom anderen in Wahrheit so verschieden aussehen, wie es nur ging – die *männlich-schönen Züge*[192] Carls XV. von Schweden und Norwegen waren dasselbe Markenzeichen seiner Majestät wie die *schönen, edlen Züge*[193] Oscars II. oder die *edlen, sympathischen Gesichtszüge*[194] des Emirs von Buchara, Sejd Abdul Ahad.

Dieser homerisch-formelhaften Typisierung von Menschen durch die Sprache stand eine differenzierte Erfassung von Menschen gegenüber, deren gesellschaftliche Funktion als Lastenträger oder Soldaten, mithin als Helfer der Helden, eher trivial war. Sie hatten deshalb für das Auge Hedins keinen anderen Reiz als den ihrer Individualität – die aber konnte er nicht mit dem Wort, sondern nur mit dem Zeichenstift reproduzieren.

Sven Hedin hatte schon als Kind mit Freude gezeichnet; den einzigen Unterricht, den er hierin erhielt, bekam er während seiner Schulzeit von Kerstin Cardon, deren 1893 gemaltes Bildnis Sven Hedins heute im Ethnographischen Museum in Stockholm hängt. *Auch mein Vater, der vorzüglich zeichnete und entzückende Aquarelle malte, ermunterte mich dazu. Sobald ich die Schularbeiten möglichst schnell erledigt hatte, schmierte ich Blätter voll mit ungeheuerlichen Wesen aus der Wirklichkeit und der Märchenwelt.*[195]

Obwohl nun die Zeichnerei nach Sven Hedins Worten im Fortlauf der Jahre *eine Nebensache unter anderen Aufgaben*[196] blieb, leistete sie doch einen kaum zu unterschätzenden Beitrag zu den Reiseberichten. Ja, man kann risikolos prophezeien, daß der Zeichner Sven Hedin derjenige sein wird, dessen Werk über den Tag hinaus unangefochten Geltung haben wird.

Am Anfang überwogen aus mnemotechnischen Gründen die Landschaftszeichnungen. *Eine Landschaft, die ich gezeichnet habe, vergesse ich nie. Ich habe sie ja mit gespannter Aufmerksamkeit in mich aufgenommen und erinnere mich an alle Einzelheiten der Stunde, der Jahreszeit, ob ich fror oder nicht, ob die Stimmung in der Karawane gut war oder uns beunruhigte, ob wir Mangel litten oder reichlich Vorräte hatten, woher wir kamen und wohin der Weg ging.*[197]

Diese Blätter waren mit Bleistift ausgeführt; doch da sie nach ihrer Fertigstellung erst noch fixiert werden mußten – eine unterwegs recht lästige Prozedur –, zeichnete Sven Hedin immer öfter mit Tusche und Tinte.

Dabei legte er bei der Konturierung von Gebirgspanoramen ein frappantes Talent an den Tag: er führte sie so exakt aus, daß spätere Messungen mit Präzisionsinstrumenten nur eine Abweichung von der topographischen Wirklichkeit um ein halbes Prozent ergaben und Karl D. P. Rosén erklärte: «Diese unerhörte Schärfe der Wahrnehmung müßte eigentlich das Interesse der Physiologen auf sich lenken.»[198]

Wenn demnach die Landschaftszeichnung in der Hauptsache einem wissenschaftlich-dokumentarischen Erkenntniszweck diente, so erfüllte die Personendarstellung vornehmlich die Aufgabe der phantasiebeflügelnden Illustration. Sie spielte deshalb in den erzählenden Büchern eine wichtige Rolle. Ihre Bedeutung als persönliches Ausdrucksmittel ist hier dermaßen groß, daß Sven Hedin nicht nur unvollständige Skizzen zu Hause ins Reine zeichnete und nach Gutdünken mit Staffagefiguren ergänzte und belebte – er machte sogar Studien nach eigenen Fotografien. Da konnte es dann vorkommen, daß er dieselbe Aufnahme als Vorlage für unterschiedliche Bilder in verschiedenen Büchern benutzte.[199]

Sven Hedins Fähigkeit, überdies am heimischen Schreibtisch Zeichnungen nach der Erinnerung zu entwerfen, kam zum Tragen, als er 1895 in der Wüste Takla-makan sowohl seine fotografische Ausrüstung als auch seine fertigen Ansichten verlor.

Es war daher nicht schwierig, die Reise aus dem Gedächtnis zu illustrieren. Nur sind solche Arbeiten von recht fragwürdigem Wert ...

... Sie vermitteln einem eine Vorstellung von der Situation, doch sie sind nicht wahr. Noch verwerflicher ist es, geübte Künstler anzustellen und sie mit Hilfe von herbeigeschafften Unterlagen und Schilderungen des Handlungsablaufs Szenen malen zu lassen, die sie mit eigenen Augen zu keiner Zeit gesehen haben. Solche Bilder fallen bloß falsch aus.[200]

Er ließ die *falschen* Bilder deshalb künftig fort und konzentrierte sich statt dessen auf die echten; und das heißt vor allem – auf die Porträts. Denn: *Man mag von den Meisterwerken der Architektur oder der ständig wechselnden Schönheit der Landschaft sagen, was man will, die Menschen sind doch immer das Merkwürdigste hier auf Erden.*[201]

Bei ihrer Darstellung brachte es Sven Hedin zu einer Vollendung, die Carl Larsson ebenso anerkannte wie Anders Zorn. Hatte er seine Modelle zu Beginn noch ohne Perspektive in steifer Haltung und im Profil konterfeit, so stellte er sie nun in einem Wechselspiel von Licht und Schatten gern en face und in Bewegung dar. Seine Linienführung war bald nicht mehr ungelenk und zaghaft, sondern selbstsicher und locker. Schließlich

Minodora Bucikovskij. Bleistiftzeichnung von Sven Hedin, 1915

Ostafi Roschka. Bleistiftzeichnung von Sven Hedin, 1915

Sven Hedin beim Zeichnen, 1927

verschaffte ihm das Zeichnen von Porträts eine solche Befriedigung und wurde so bedeutsam, daß er es neben der Fotografie als mindestens gleichberechtigte Ausdrucksform verwendete. Würdenträger gab er in Fotografie, Lastenträger in Zeichnung.

Allein, die Zuweisung von objektiver Dokumentation und subjektiver Impression auf jeweils ein bildliches Medium arbeitete Sven Hedins Heroisierung der großen Männer entgegen. Denn während er mit der Reproduktion von Standfotos der Honoratioren eine finstere Schaubude schuf, deren kaltes Fluidum die Erinnerung an die geschniegelten Helden in weite Ferne rückte, richtete er mit der Reproduktion seiner Porträts der kleinen Leute eine lichte Galerie ein, deren Lebensnähe den skeptisch wartenden Blick der Minodora Bucikovskij aus Storożynetz[202] und das abgeklärt heitere Antlitz des Ostafi Roschka aus Vostsche am Pruth[203] nimmermehr vergessen läßt.

1920 stellte Sven Hedin einen Teil seiner schon damals 3000 Bilder zum erstenmal aus. Vorher schrieb er für den Katalog einen Text, der in gewohnter Weise gleich zu einem Buch geriet, *En levnads teckning* (*Die Zeichnung eines Lebens*). Und obwohl in diesem Kommentar viel Gutes vom Menschen gesagt worden war, stand in ihm auch der Satz: *Das Beste von allem in der Wüste ist, daß es dort keine Menschen gibt.*[204]

Die letzte Expedition

Ihre stärksten Wurzeln hatte Sven Hedins Misanthropie nach 1918 in den *Bedingungen des Gewaltfriedens*[205] von Versailles. Die Welt war ihm ein Ekel, die Menschen waren ihm ein Greuel. Er, der die Sozialisten und die Demokratie haßte bis ins Mark – *Die demokratische Richtung duldet keine starken und männlichen Persönlichkeiten*[206] –, mußte nicht nur leidvoll erfahren, wie Wilhelm II. durch die Novemberrevolution zum Tor hinaus getrieben und das deutsche Kaiserreich zur Republik umgeformt wurde, er mußte obendrein im eigenen Land erleben, wie die schwedische Arbeiterpartei unter Hjalmar Branting 1920 die Regierung übernahm. Da flüchtete sich Sven Hedin für ein knappes Jahrzehnt in die Phantasie und die Forschung und in die räumliche und zeitliche Ferne.

Er schrieb nach dem Muster von James Moriers «Adventures of Hajji Baba of Ispahan» («Die Abenteuer des Hadschi Baba aus Ispahan» 1824) und Rudyard Kiplings «Kim» («Kim» 1901) den zweibändigen Roman *Tsangpo Lamas vallfärd* (*Tsangpo Lamas Wallfahrt*, 1920–22), er forcierte die Fertigstellung der ebenfalls zweibändigen *Routenaufnahme durch Ostpersien* (1918–27) und arbeitete intensiv an den letzten der zwölf Bände zu *Southern Tibet* (1916–22). An Brockhaus schrieb er: *... ich lebe nur mit meinen beiden Werken über Tibet und Ostpersien.*[207]

Außerdem verfaßte er eine 560 Seiten lange Biographie über den schwedischen Forschungsreisenden Bengt Bengtsson Oxenstierna, *Resare-Bengt* (*Verwehte Spuren*, 1921), gab die Aufsatz-Anthologie *Mount Everest och andra asiatiska problem* (*Mount Everest und andere asiatische Probleme*, 1922) heraus und machte 1923 eine Weltreise, die ihn unter anderem zum erstenmal in die USA führte. Anschließend schrieb er bis 1927 noch fünf weitere Bücher, darunter neben einem mehr als 500 Seiten starken Memoirenband, *My Life as an Explorer* (*Mein Leben als Entdecker*, 1925), eine fast 400 Seiten umfassende Lebensgeschichte Adolf Erik Nordenskiölds (1926).

Doch dann war es endlich wieder soweit!

Der zweiundsechzigjährige Hedin erfüllte sich einen Wunsch, den er Brockhaus *strictissime privatim!!* schon 1912 beschrieben hatte: *Nächstes Jahr im Spätsommer beabsichtige ich, eine ganz grandiose Reise nach Innerasien anzutreten. Ich werde mich diesmal ganz anders einrichten als*

Sven Hedin. Lithographie von E. Stumpp, 1925

zuvor. Ich werde einen Stab von etwa acht Fachmännern mitnehmen, und zwar für Geologie, physikalische Wissenschaften, wie Astronomie, Magnetismus, Pendelbeobachtungen usw., Zoologie, Botanik, Anthropologie, Medizin usw. ... Die Expedition wird teilweise in verschiedene Abteilungen zerfallen, und ich zirkuliere.[208]

In diesem frühen Entwurf, der auf eine kritische Anmerkung Gerard de Geers von 1903 zurückging, war bereits jene große Expedition vorgezeichnet, die nun mit Sven Hedins Abreise von Stockholm am 26. Oktober 1926, beziehungsweise mit seinem Aufbruch von Peking am 9. Mai 1927 tatsächlich ihren Anfang nahm. Unter dem Namen «Sino-Swedish Expedition» oder etwas salopper «Die wandernde Universität» hat sie bis heute internationale Wissenschaftsgeschichte gemacht, zumal die Auswertung ihrer Resultate immer noch andauert.

«Die wandernde Universität» 1927 beim Frühstück. In der Mitte «der Chef»; ganz rechts der Deutsche Fritz Mühlenweg, der später einen Roman über diese Reise schrieb

Sechs Schweden, ein Däne, elf Deutsche und zehn Chinesen waren zunächst mit von der Partie; sie wurden begleitet von 34 Dienern und verfügten über 292 Kamele. Der Plan war, die Witterungsbedingungen Innerasiens zu erforschen. Hierzu sollten meteorologische und geologische Untersuchungen und Beobachtungen angestellt werden, ferner botanische, zoologische und astronomische, daneben aber auch ethnologische und archäologische. Auf dem Weg nach Westen durch die Wüste Gobi wollte man außerdem vier Wetterwarten installieren. *Damit würde endlich die letzte Lücke in dem Netz der meteorologischen Stationen auf der nördlichen Halbkugel verschwinden, und viele rätselhafte Probleme der klimatologischen und meteorologischen Verhältnisse dieser Erdhälfte fänden ihre Lösung!*[209]

Freilich: voraussetzungslos war die Arbeit der Expedition ganz und gar nicht, denn die meisten ihrer deutschen Mitglieder hatten sich nur angeschlossen, um im Auftrag des Konstrukteurs Hugo Junkers und späterhin der Lufthansa mit Sven Hedin zu prüfen, ob über Sibirien eine Flugverbindung zwischen Deutschland und China hergestellt werden könnte. Die Lufthansa trug deshalb auch den Löwenanteil der Kosten dieser Unternehmung.

Nachdem aber der *Heereszug*[210] in wechselnden, einander häufig kreuzenden und überholenden Marschkolonnen mit all seinen Daten und Material sammelnden Teilnehmern im Februar 1928 die 2100 Kilometer lange Strecke bis Urumtschi zurückgelegt hatte, stellte sich heraus, daß das Vorhaben der Lufthansa nicht zu verwirklichen war: der Generalgouverneur von Sinkiang, Marschall Yang, wollte es nicht dulden, daß sein Hoheitsgebiet in den unsicheren Tagen des chinesischen Bürgerkriegs von fremdländischen Aeroplanen überflogen wird.

Da Yang obendrein die Rückendeckung des Pekinger Außenministeriums besaß und Sven Hedin deshalb dem Berliner Sponsor die erhoffte Zusage beim besten Willen nicht liefern konnte, begab er sich im Mai mit den Luftfahrt-Experten wieder nach Europa. Es ging ihm vor allem darum, an Stelle der versiegten deutschen Geldquelle beim schwedischen König eine ‹Ersatzbohrung› niederzubringen.

Und wie immer dort wurde Sven Hedin fündig, so daß er finanziell abgesichert im August nach Urumtschi zurückkehren konnte, wo er am 4. Oktober 1928 eintraf.

Seine erste Handlung vor Ort bestand darin, die bislang noch recht willkürlich zusammengesetzten und ausschwärmenden Abteilungen der Expedition streng zu gliedern und mit klar definierten Aufgaben zu betrauen. Das aber hieß: allmählich Abschied nehmen von der Romantik der Entdeckungsfahrten. *Für mich ist der Unterschied zwischen diesem großen Unternehmen und den Verhältnissen, unter denen ich vorzeiten reiste, ungeheuer. Damals durchstreifte ich die unbekannten Teile Asiens und bewegte mich unbehindert mit kleinen leichten Karawanen wie und wo ich wollte. Jetzt dagegen habe ich mich vom Entdeckungsreisenden in eine Art Zentralstelle verwandelt, wo alle Fäden zusammenlaufen und von der aus ich die verschiedenen im Felde arbeitenden Gruppen überwache und leite. Meine eigenen Wünsche, gewisse geographische Fragen, die ich in meiner Jugend in Angriff genommen habe und die daher mein besonderes Wohlwollen genießen, habe ich einen nach dem andern aufgeben müssen.*[211]

Auch die Leser von Sven Hedins Reiseberichten mußten etwas aufgeben – die Spannung nämlich der früheren Bücher. Denn obwohl die Expedition nach wie vor als *Heerfahrt* dargestellt wurde, die *ein Gebiet nach dem andern unserer Herrschaft* unterwarf und somit jedes Feld der Forschung zum *Kriegsschauplatz*[212] erklärte, fehlten der Erzählung jetzt die altvertrauten Ariadnefäden.

Sven Hedin erwog nicht mehr im Torbogen eines Serais, wer von Mensch und Tier wohl alle Mühsal überstehen würde; kein Lüftchen regte sich mehr bei irgendeiner Tiefenlotung – geschweige denn, daß noch einer Durst litt. Die Zeiten hatten sich geändert und mit ihnen die typical scenes, die Sven Hedins Reisebüchern den Reiz des déjà vu verliehen.

Jetzt stritt man weniger gegen die Natur als gegen die Menschen und ihre Maschinen. Telegrafen und Autos ersetzten Kamele und reitende Boten. Und nicht das Wetter bestimmte, wann und wohin jemand aufbrach, sondern ein war-lord.

Picknick auf der Fahrt in die chinesische Kaiserstadt Jehol. V. l. n. r. Sven Hedin, Gösta Montell, Georg Söderbom, 1930

Im April 1929 erkrankte Sven Hedin, und die Ärzte des Union Medical College in Peking vermuteten eine bösartige Geschwulst am Rückenmark. Kurzentschlossen überquerte «der Chef»[213] den Pazifik und konsultierte einen Spezialisten in Boston, Massachusetts. Dort erfuhr er, daß an der Pekinger Diagnose kein Sterbenswörtchen wahr war, so daß er nach China zurückkehren konnte. *Der geradeste Weg nach Sinkiang war, nach Osten weiterzufahren über Stockholm, Rußland und Sibirien.*[214] Auf dem Stettiner Bahnhof in Berlin begegnete er zwischen zwei Zügen dem schwedischen König, er besuchte – selbstverständlich – den Reichspräsidenten von Hindenburg, dann hielt er sich noch einige Wochen in Stockholm auf, und im Oktober war er wieder in Peking. *Wir waren schneller gereist, als die Post von Stockholm nach Peking braucht.*[215]

Langsamer als bei Phileas Fogg war es dennoch gegangen, denn Sven Hedin hatte darauf bestanden, auch in Boston, Berlin und in Stockholm die Zügel seiner Truppenteile fest in den Händen zu halten. So war aus dem einsamen Helden mit Hilfe der Radiowellen ein stressgeplagter Manager geworden, der rund um die Erde telegrafierte und telefonierte, Briefe schrieb und Interviews gab. Nicht zu vergessen, daß Sven Hedin ein Dienstleistungsunternehmen betrieb, aus dessen Geldern er die große wissenschaftliche Expedition finanzierte!

Der erste Geld- und Auftraggeber war die deutsche Lufthansa, für die Sven Hedin um chinesische Flugrechte feilschte; der zweite war der Amerikaner Vincent Bendix, der Boss von Bendix Brake, für den Sven Hedin zur Weltausstellung in Chicago 1933 einen Lamatempel auftreiben sollte.

Auch in dieser Sache schien Sven Hedin anfangs erfolglos zu bleiben, denn er war im Winter 1929/30 vergeblich mehr als 1100 Kilometer durch die Mongolei gefahren, um einen geeigneten Tempel zu finden. Da unterbreitete ihm sein Ethnologe Gösta Montell, auf dessen *Kriegsschauplatz* das zu Beginn des 18. Jahrhunderts gegründete Jehol (Tschengleh) lag, den Vorschlag, er solle doch sein Glück in dieser langsam verfallenden ehemaligen Sommerresidenz der Mandschu-Herrscher versuchen.

Sven Hedin machte sich deshalb im Juni 1930, während die neun Gruppen seiner «wandernden Universität» auf ihren *Eroberungszügen* im Westen operierten, von Peking aus nach Norden auf. In der Kaiserstadt angekommen fand er auf Anhieb – und immer fähig, to make the best of it! –, daß hier *der herrlichste Tempel Jehols, ja ganz Chinas*[216], stünde. Der war nun zwar nicht verkäuflich, ließ sich aber gut kopieren.

So wurde 1932 in einer gewissen Prä-Disneyland-Manier eine Nachbildung des Goldenen Pavillons aus Jehol in Chicago errichtet; und Sven Hedin überwachte persönlich ihre Aufstellung. *Nachtschwärmer an den Ufern des Lake Michigan werden jetzt im Sternenlicht von der Verbindung träumen können zwischen der alten Welt und der neuen.*[217]

Obgleich die Bedingungen des Vertrags mit Bendix dadurch erfüllt worden waren und der Asienforscher sein Honorar erhalten hatte, 250000 Kronen, und obgleich der schwedische Staat aus Lotteriegewinnen ein Jahr zuvor dieselbe Summe zugeschossen hatte, gingen der Expedition allmählich ihre Mittel aus. – In dieser Situation erhielt Sven Hedin im August 1933 – die meisten seiner Mitarbeiter waren schon längst auf dem Heimweg – vom Führer der chinesischen Nationalisten, Tschiang Kai-schek, das Angebot, auf Kosten der Zentralregierung in Nanking zu erkunden, welche Trassenführung er für zwei neue Straßen nach Sinkiang empfehlen könnte.

Dies war das dritte Dienstleistungsgeschäft auf dieser Reise. Und auch wenn es so aussah, als würde diese Mission den Aufenthalt Sven Hedins in Ostasien zu dessen Freude nurmehr ein wenig verlängern, führte sie ihn doch in sein letztes großes Abenteuer. Im dramatischen Finale der «Sino-Swedish Expedition» erklang daher 40 Jahre später noch einmal das Thema vom Auftakt in der Takla-makan am 5. Mai 1895.

Nichtsahnend nämlich geriet Sven Hedin mit seiner Crew im Frühjahr 1934 hinter Hami in der westlichen Gobi in ein kriegerisches Tohuwabohu, das jeglicher Darstellung spottet. Nach der Ermordung des Generalgouverneurs von Sinkiang, Marschall Yang, hatten sich unter dem Schreckensregime seines Nachfolgers Chin die türkischen Volksteile erhoben und dabei Unterstützung von dem Dunganen Ma erhalten, einem

1935 zu Besuch bei Tschiang Kai-schek in Hankow (in der Mitte Madame Tschiang, «sanft und süß wie ein junges Mädchen»)

mongolischen Muslim, der irgendwann die Welt erobern wollte, sich vorerst aber damit begnügte, die Revolte der Türken zum eigenen Vorteil zu nutzen. Sven Hedin nannte ihn *Das große Pferd*. – Um die Ordnung in Sinkiang wiederherzustellen, wurden von der Zentralregierung Truppen eingesetzt, die ihrerseits Unterstützung von sowjetischen Verbänden erhielten. Diese allerdings verfolgten in der chinesischen Grenzprovinz zugleich ganz handfeste russische Interessen.

Mit einem Wort: Sven Hedin marschierte abermals über einen echten Kriegsschauplatz; diesmal freilich, ohne die sich vielfach brechenden Frontlinien deutlich ausmachen zu können. Dies war um so fataler, als er mit einer Limousine und vier Lkws unterwegs war und somit über einen Wagenpark verfügte, der jede der kämpfenden Parteien begehrlich machen mußte. Treuherzig war es zudem, daß er annahm, sein Paß aus Nanking würde ihn in jedweder Lage beschützen.

So kam es am 5. März 1934 in Korla zum Unausweichlichen: Sven Hedin, der sich zur Zeit im Machtbereich des *Großen Pferdes* bewegte, erhielt von diesem den Befehl, ihm einen Wagen abzutreten. Das lehnte

Sven Hedin ab. Daraufhin ließ ihn der Kommandant von Korla vorführen und wiederholte den Befehl. *Da hohnlachte ich, erhob mich brüsk und ging ohne Abschiedsgruß hinaus.*[218]

Das ließen sich die Vasallen des *Großen Pferdes* nicht bieten. Sie überrumpelten Hedin und seine Reisebegleiter und stellten sie, ohne viel Federlesens zu machen, vor ein Erschießungspeloton.

Die Mündungen der Gewehre waren auf uns gerichtet. Das einzige, was noch fehlte, war: «Legt an! Feuer!»

In einem Augenblick wurde mir die Lage in ihrer ganzen Tragweite klar. In einer Sekunde flog mein Leben an mir vorbei, die liebe Heimat im Norden, die jungen Menschen, für deren Leben ich die Verantwortung trug, die Expedition, für die ich der Zentralregierung Rechenschaft abzulegen hatte. In einer halben Minute sind wir erschossen! Jesus im Himmel, das d a r f *nicht geschehen, das Leben meiner drei Kameraden und mein eigenes Leben sind mehr wert als ein Lastauto. Blitzschnell rief ich Georg zu:*

«Wir werden erschossen! Versprich ihnen ein Auto für heute abend!»

Einen Kopf größer als alle die andern, übersetzte Georg in ruhigem und abgemessenem Ton meine Worte. Chang erteilte ein Kommando. Die psychologische Wendung trat ein. Gespannte Muskeln erschlafften, die Gewehre nahmen eine mehr vertikale Stellung ein. Ein neues Kommandowort: «Führt den alten Mann hinein, haltet die jungen fest!»[219]

Wie in der Takla-makan hatte Sven Hedins Leben noch einmal auf des Messers Schneide gestanden, wie vor Lhasa hatte er sich noch einmal der rohen Gewalt von Menschen beugen müssen – doch wie immer ließ ihn sein *guter Schutzengel* am Ende noch einmal das Ziel seiner Wünsche erreichen. Der Nimbus war noch intakt, er war noch immer auserwählt.

Sein *altes Wüstenglück* führte ihn deshalb im April von Korla aus nach Süden in eine Gegend, die er auf der Suche nach dem geheimnisvollen See Lop-nor bereits 1896 durchzogen hatte.

Im ersten Jahrhundert vor Christus war dieser See von den Chinesen im nordöstlichen Tarim-Becken exakt lokalisiert worden; und noch der alexandrinische Geograph Klaudios Ptolemaios verzeichnete ihn dort im zweiten Jahrhundert nach Christus. Dann aber tauchte der Lop-nor für lange Zeit in keiner Darstellung auf. Marco Polo beispielsweise hat ihn nie gesehen, er sprach nur von der «Stadt Lop am Rande der großen Wüste»[220]. So herrschte bis in die Neuzeit Ungewißheit über die Existenz und Lage des Lop-nor. – Erst der Russe Prschewalskij meinte im 19. Jahrhundert, des Rätsels Lösung gefunden zu haben: für ihn war der historische Lop-nor derselbe See wie der weiter südlich gelegene Kara-koschun. Dieser Meinung trat Sven Hedins Lehrer von Richthofen mit dem Argument entgegen, der wirkliche Lop-nor müsse – was auch die Chinesen schon geschrieben hatten – dermaßen mit Steppensalzen angereichert sein, daß er nicht gleich dem Kara-koschun Süßwasser enthalten könne.

Während das Lop-nor-Problem somit von der Wissenschaft vom

Schreibtisch aus verhandelt wurde, hatte Sven Hedin das Seengebiet im Jahre 1896 an Ort und Stelle in Augenschein genommen und dabei die Hypothese aufgestellt, daß der Lop-nor ein *wandernder*[221] See sei. Diese Hypothese untermauerte er auf seiner zweiten Asien-Expedition 1901, indem er erklärte, daß der Flugsand das Wasser des Lop-nor einst über seine Ufer gehoben habe, wobei es auf der gänzlich ebenen Wüstenfläche nach Süden in das damals leere Becken des Kara-koschun ausgeflossen ist – von hier indessen werde es in das nunmehr leere Becken des Lop-nor nach Norden zurückfließen, sobald der Flußschlamm des einmündenden Tarim das Wasser des Kara-koschun in Zukunft einmal über seine Ufer heben werde. Sven Hedin schrieb in *Im Herzen von Asien*: *Ich bin fest davon überzeugt, daß wir nach Jahren den See wieder an der Stelle finden werden, wo er nach chinesischen Angaben einst seinen Platz gehabt haben soll.*[222]

Es war die größte Genugtuung des Forschungsreisenden Hedin, daß er im Mai des Jahres 1934 nordöstlich des Kara-koschun ein Boot nehmen mußte, wo er vor einem Menschenalter zu Fuß gewandert war. Obwohl die Tidenphase seiner Ansicht nach knapp zweitausend Jahre betrug, war Sven Hedin ein Augenzeuge des von ihm prophezeiten Ortswechsels geworden! *Mein Traum, daß es mir einmal im Leben vergönnt sein möge, den*

Die Erfüllung eines Wunschtraums: Sven Hedin überquert am 16. Mai 1934 den Lop-nor in seinem neuen, nördlichen Becken

«wandernden See» in seinem neuen nördlichen Becken mit Kanus zu befahren, war somit in Erfüllung gegangen, und ich hatte allen Anlaß, dankbar zu sein.[223]

Der Abschluß von Sven Hedins Expeditionstätigkeit war, kurzum, tief befriedigend. Sein Lebenstraum war Wirklichkeit geworden. Und diese Erfahrung machte ihn frei für einen neuen Traum: die Errichtung einer Piste von Schanghai entlang der früheren Seidenstraße bis nach Europa ...

Doch, war der Siebzigjährige so müde geworden, daß er nicht mehr spürte, wie fest die neue Zeit ihn in ihrem Bann hielt? *Wohl wird*, gab er zu, *viel von der Romantik der alten Zeit verlorengehen, wenn der Klang der Karawanenglocken und der Schellen mit dem Laut von Dampfpfeifen und Hupen vertauscht wird.*[224] Aber konnte dieses Geständnis darüber hinwegtäuschen, daß Sven Hedin gegen Honorar dazu beigetragen hatte, den *Sonntagsfrieden der Wüste*[225] zu brechen? «Heute explodieren», schreibt Peter Scholl-Latour, «in der Nähe des Lop Nor, in der Taklamakan-Wüste, die Wasserstoffbomben der Volksbefreiungsarmee.»[226]

Man mag die Beschreibung des letzten Jahres der Expedition in *Sidenvägen* (*Die Seidenstraße*, 1936) mit ihren zahllosen Schilderungen von Motorschäden und Achsenbrüchen gerne lesen als verschlüsselte Chronik einer langen Sühnefahrt. Aber in Wahrheit war der Hilferuf nach einem Pannendienst doch nur der matte Abgesang aus dem hohen Lied des Helden.

Ein Werbeträger der Nazis

1926 hatte Sven Hedin Europa verlassen, um in der Abgeschiedenheit der asiatischen Wüsten sein gelobtes Phantásien wiederzusehen. Der Fotograf Paul Lieberenz, der die Expedition im ersten Jahr begleitet hatte, schrieb damals in sein Tagebuch: «Wenn man so weit ab vom Getriebe der großen Welt ist, verlernt man merkwürdigerweise schnell das Interesse an der großen Politik. Man ist eigentlich froh, nichts davon zu hören.»[227] Sven Hedin kannte diese entfremdende Wirkung der Wüste. Sie war für ihn die Anziehungskraft, die ihn diesmal am stärksten hinausgezogen hatte.

Verbittert über den Gang der Geschichte hatte er seinen *Germanen* nur einen Aufsatz mit dem Titel *Der 9. November!* hinterlassen. Am zweiten Jahrestag der Entmachtung des Kaisers, am 9. November 1920, hatte er darin geschrieben: *Vor allem wünsche ich den Helden des Kriegs, auch den ältesten, den Veteranen mit Hindenburg an der Spitze, daß sie noch erleben mögen: die Morgenröte des neuen Tags, dessen Sonne noch einmal über ihrem Vaterland leuchten wird!*[228]

Es gehört zu dem an Ironien nicht armen Leben Sven Hedins, daß er im Jahre 1933 in Peking ausgerechnet durch englische Zeitungen erfuhr, daß *der Nationalsozialismus in Deutschland gesiegt hatte*[229].

Dieser scheinbar neuerliche *Flügelschlag der Glücksgöttin*[230], die Sven Hedin schon oft zum Guten hin geleitet hatte, war eine böse Verlockung. Sie führte den alten Mann auf einen Weg zurück, von dem er sich vor Jahren abgekehrt hatte, und brachte ihn in ein Zwielicht, aus dem er nie mehr heraustreten konnte.

Zwar erkannte er 1935 auf seiner ersten Reise durch das neue Deutschland sofort, um welchen Preis die Nazis zur Revanche an den *blutdürstigen Vampyren*[231] von Versailles angetreten waren, doch er schloß aus dieser Erkenntnis nicht weiter auf den Charakter des Regimes und seines Führers. So kam es in der Laudatio auf den Nationalsozialismus, *Tyskland och världsfreden* (*Deutschland und der Weltfriede*, 1937), zu Äußerungen von hanebüchener Gutgläubigkeit und dummdreister Einfalt.

Auf der einen Seite schrieb Sven Hedin: *Wo ja nun die Freiheit der Presse aus natürlichen Gründen so stark eingeschränkt ist wie in Deutschland, sollte auch eine Zeitung wie der antisemitische «Stürmer» in Nürn-*

«Nach Würzburg fuhren wir mit dem Zug und wurden dort in bewegender Weise durch den Oberbürgermeister Memmel empfangen» (im Hintergrund links Alma Hedin)

berg fortan nicht mehr zugelassen bleiben. Sein roher und gemeiner Inhalt und die permanente Steinewerferei auf einen längst geschlagenen Gegner ist widerwärtig.[232]

Auf der anderen Seite schrieb er über die Unterbringung der Gefangenen im Konzentrationslager Sachsenburg: *Wer Klage über ihre Schlafplätze führt, der sollte ein einziges Mal das Bett ausprobieren, das ich erst im Januar 1935 auf der «Seidenstraße» in Zentralasien benutzt habe. Es lag in einem schmalen Zelt direkt auf dem Boden, und die Temperatur betrug –33°. Aber ich habe keinen gehört, der mich bedauert hätte! In den Stuben von Sachsenburg herrschte eine Temperatur von +18°.*[233]

Sven Hedin hatte sich von dem Absatz dieses Buches in Deutschland Einkünfte versprochen, auf die er dringend angewiesen war. Denn trotz aller Spenden und Honorare für die «Sino-Swedish Expedition» fand er sich bei seiner Rückkehr nach Stockholm *in einer finanziell heiklen Lage. An der deutsch-asiatischen Bank in Peking hatte ich beträchtliche Schulden hinterlassen.*[234]

Und dennoch –: als der Staatssekretär im Reichspropagandaministerium, Walther Funk, nach der Lektüre der Übersetzung erklärte, das – von Brockhaus voreilig gedruckte – Buch könne einzig unter der Bedingung ausgeliefert werden, daß Sven Hedin seine kritischen Bemerkungen fortläßt, lehnte es der Autor ab, sich dem Zensor zu beugen. *Damit war das Schicksal der deutschen Ausgabe besiegelt. Ich weigerte mich, auch nur ein einziges Wort zu streichen, und «Deutschland und der Weltfriede» kam nie heraus.*[235]

Noch einmal hätte Sven Hedin demnach Anlaß gehabt, über das Wesen des Nationalsozialismus zu reflektieren; aber er wollte so fest daran glauben, daß jetzt für Deutschland, Europa und die Welt eine Heilszeit angebrochen war, daß er seine eigenen schlechten Erfahrungen als Späne ansah, die fallen, wo machtergreifend gehobelt wird. – *Doch die Erzählungen darüber sind wie gewöhnlich übertrieben. Bei all den wüsten Ausschreitungen wurden nur ein paar Juden erschlagen.*[236]

Eben die Tatsache, daß sich Sven Hedin durch seine mißlichen Erfahrungen mit den Nazis nicht im geringsten von seiner Bewunderung für Adolf Hitler und dessen Schergen abbringen ließ, zeigt, wie sehr er von der Richtigkeit ihres Handelns überzeugt war. Daß die Geheime Ministerkonferenz im Reichspropagandaministerium noch am 20. September 1940 beschloß, eine Publikation des Schweden im Reichsgebiet nur dann zu erlauben, «wenn Sven Hedin sich den deutschen Standpunkt voll zu eigen macht»[237], wußte er nicht. Und so schrieb und redete er als angeblich objektiver Beobachter des neutralen Auslands in Deutschland ausschließlich das, was den Großen Brüdern im Reichspropagandaministerium gefällig und genehm war.

Eine vortreffliche Gelegenheit für den propagandistischen Einsatz Sven Hedins boten die Olympischen Spiele von 1936 in Berlin. Der Generalsekretär des Organisations-Komitees, Carl Diem, äußerte deshalb in einem Brief vom 19. Mai 1936 die Bitte, der berühmte Asienforscher möge doch in einer Rede während der Spiele den Gewinn deutlich machen, «den wir durch die Energieprobe des sportlichen Kampfes, durch die Beharrlichkeit der planmässigen Vorbereitung, durch die Gewöhnung an Kampf mit Menschen und Naturgewalten erreichen»[238].

Wunschgemäß hielt Sven Hedin daraufhin am 4. August 1936 im Berliner Olympia-Stadion eine Ansprache mit dem «rembrandtdeutschen» Titel *Sport als Erzieher*. Nach einer reichlich eigenwilligen Interpretation des – zumal ungenannten – ersten Stasimons in Sophokles' «Antigone», in dem es um die Zweideutigkeit des menschlichen Wirkens geht, führte er aus, daß schon der griechische Dichter junge Kämpfer aufgerufen habe, sie sollten mit ihren Taten *die ganze Welt umspannen. Sie sollten alles beherrschen ...*[239]

Diese Worte hatte Hedin in einen friedlichen Kontext gebettet, in dem er der Jugend der Welt die Bildung einer brüderlich-harmonischen Völkergemeinschaft empfahl. Die Jugend des Dritten Reiches hingegen

4. August 1936 – Hitler begrüßt Sven Hedin im Berliner Olympia-Stadion (in der Mitte der Präsident des Organisationskomitees Staatssekretär a. D. Dr. Lewald)

mußte ihn ganz anders verstehen: sie begann im selben Jahr, diese Worte im kriegerischen Kontext Hans Baumanns zu skandieren – «denn heute gehört uns Deutschland / und morgen die ganze Welt»[240].

Was auf den ersten Blick wie eine zufällige Wortgleichheit aussah, war in Wirklichkeit der Ausdruck gleichgesinnter Denkungsart. Und diese schlug sich eben in verwandten Floskeln nieder.

So schrieb Sven Hedin, nachdem Adolf Hitler im zweiten Band von «Mein Kampf» (1927) den Kernsatz «Deutschland wird entweder Weltmacht oder überhaupt nicht sein»[241] unter anderem damit begründet hatte, daß das deutsche Volk «auf unmöglicher Grundfläche»[242] zusammengepfercht sei, prompt in seinem Deutschland-Buch, daß der Weltfriede so lange nicht gewährleistet sei, wie das deutsche Volk von seinen Nachbarn *auf einem zu engen Raum*[243] eingezwängt werde. Mit suggestiver Logik ließ er diese These in die Drohung münden: *Am Ende machen sich die Grenzen der Belastbarkeit geltend, wo keine Dämme, keine Schranken mehr halten. – Und dann bricht der Krieg aus, den keiner will und jedermann haßt; dann schlägt den Völkern Europas die Stunde ihrer Vernichtung.*[244]

Es wurden statt dessen sechs Jahre. 1942 zogen die USA abermals gegen Deutschland zu Felde. Und nun – als müsse auch er jetzt zum letzten Mittel greifen – stimmte Sven Hedin seine Arbeit so sehr mit der Arbeit der Nazis ab, daß er seinen Namen auf ein Buch setzen ließ, das – worauf der Schwede Åke Thulstrup hingewiesen hat – über weite Strecken von der Presseabteilung des Auswärtigen Amtes in des Wortes doppelter Bedeutung ‹vorgeschrieben› war: *Amerika im Kampf der Kontinente* (1942). Das fremdbestimmte Elaborat, eine dröge Dolchstoßlegende, enthielt kein Wort mehr über die Volk-ohne-Raum-Theorie, vielmehr gipfelte es in dem Satz: *Dieser Krieg wird in die Geschichte eingehen als der Krieg des Präsidenten Roosevelt*[245] – doch noch nicht einmal diese letzte Formulierung stammte von Hedin. Er hatte sie, wie er später gestand, *aus isolationistischen Kreisen*[246] ...

Mit diesem Manifest seiner sprachlichen Gleichschaltung und intellektuellen Selbstaufgabe erreichte Sven Hedins Unterstützung des deutschen Nationalsozialismus ihren Höhepunkt.

Sieben Jahre lang hatte er geglaubt, *die Morgenröte des neuen Tags* über Deutschland zu erkennen; sieben Jahre lang hatte er sich der Gewißheit erfreuen können, bei Adolf Hitler, dem *kraftvollen Führer*[247], immer willkommen zu sein; sieben Jahre lang war er zwischen Reichskanzlei und Karinhall mit allen Größen des Dritten Reiches zusammengetroffen. Ja, noch am 12. Januar 1943, das heißt: zu einem Zeitpunkt, als Thomas Manns detaillierte BBC-Vorträge über die Vergasung von Juden bereits bei Bermann-Fischer in Stockholm gedruckt worden waren, feierte der Couillon in der Leipziger Straße in Berlin zusammen mit Bormann und Himmler Hermann Görings 50. Geburtstag.

Die Nachrichten über das Geschehen in den deutschen Vernichtungslagern ließen Sven Hedin kalt; er hielt sie selbst im September 1944, als die Zeitschriften «Judisk tidskrift» und «Judisk krönika» ebenso wie Stefan Szende in seiner dokumentarischen Schilderung «Den siste juden från Polen» [Der letzte Jude aus Polen, 1944] das Mord-Inferno glaubwürdig beschrieben hatten, für *Auswirkungen einer gemeinen angelsächsischen und jüdischen Propaganda*[248].

Die Deutschen lohnten ihm die Linientreue: *Meine Bücher hatten während des ganzen Krieges einen großen Absatz. Wie* (der Ministerialdirigent im Propagandaministerium) *Dr. Hägert sagte, wurden die Bücher in hundertprozentig größerer Auflage verkauft als in Friedenszeiten ... und als erstes auf der Liste stand das im Herbst 1942 herausgekommene «Amerika im Kampf der Kontinente».*[249]

Sven Hedin erlebte ein letztes Mal jene breite öffentliche Anerkennung, die ihm in Schweden seit Jahren nicht mehr zuteil wurde. Hier regierten die Sozialdemokraten unter Per Albin Hansson und repräsentierten politisch ein geistiges Klima im Lande, das die Sympathisanten des deutschen Faschismus in der Minderzahl hielt. Männer wie Sven Hedin –

oder der Literaturwissenschaftler Fredrik Böök – standen in ihrer Heimat längst auf verlorenem Posten. Daher war es nachgerade peinlich, als Sven Hedin in seinem Rechtfertigungsbuch *Utan uppdrag i Berlin* (*Ohne Auftrag in Berlin*) 1949 den Versuch unternahm, seine zahlreichen Visiten in der Hauptstadt des Reiches als geheime Staatsaktionen auszugeben. Sie waren im Gegensatz dazu nichts anderes als wichtigtuerische Missionen eines Mittlers von der traurigen Gestalt, dessen Ausführungen über die Vorzüge des Joghurtessens den Diktator weit mehr interessiert haben dürften als jegliche Amateur-Diplomatie.

Wohl gelang es Sven Hedin – und dies ist nicht gering zu achten! – manches sonst hilflose Opfer dem Terror-Clan zu entwinden. Aber die vagen Andeutungen seiner verdienstvollen Tätigkeit für *König, Volk und Vaterland* verblassen angesichts seiner offenbar noch 1949 ungebrochenen Bewunderung für die Nazi-Schurken. Noch immer war er stolz darauf, an ihren Tafeln gesessen zu haben.

Bei meinen Besuchen pflegte ich Göring eine Flasche schwedischen Aquavits zu schenken, den er liebte. Er nahm die Flasche in den Arm und umschmiegte sie wie ein kleines Kind. Die Stimmung war hoch, das Essen lukullisch. Es gab Butter und echten Schweizer Käse, Kaviar, Hummer, frisches Spanferkel, Salate und Delikatessen aller Art. Die Rationierung in Berlin wurde an Görings Tisch nicht durchgeführt.[250]

Das überlasse ich ohne Neid den Gelehrten

So wie Knut Hamsun wegen seiner Apologie des deutschen Faschismus am Ende des Zweiten Weltkriegs jedwede politische Kompetenz verloren hatte, hatte Sven Hedin wegen seiner Kollaboration mit dem deutschen Mörder-Regime alle moralische Integrität eingebüßt. Doch während die Verteidiger Knut Hamsuns auf Grund seiner Senilität vor der Nachwelt immerhin auf Freispruch plädieren können – der Mann stand 1945 im 86. Lebensjahr –, lassen sich für Sven Hedin keinerlei mildernde Umstände finden. Hitler selbst war es, der 1940 gerühmt hatte, wie «frisch und lebendig»[251] der Fünfundsiebzigjährige war.

Dennoch geht es nicht an, die Persönlichkeit Hedins mit ihrer mannigfaltigen Produktivität allezeit und ausschließlich nach ihrer Verstrickung in den Irrsinn des Dritten Reiches zu bewerten und damit eine Haltung einzunehmen, über deren Simplizität sich 1971 schon der schwedische Schriftsteller Sven Delblanc mokiert hat. Er war beiläufig auf den Namen Sven Hedins zu sprechen gekommen und fuhr sodann ironisch fort: «Die Konvention erfordert, daß ich jetzt in tugendhafte Indignation verfalle und Sven Hedins Karkasse aus dem Grabhügel zerre, um mich in die Knochen dieses alten Reaktionärs zu verbeißen.»[252]

Statt dessen ist die Gestalt Sven Hedins in ihrer Komplexität auf dieselbe Weise zu erfassen, in der sich Hamsun zu begreifen suchte. Der sagte von den Gestalten seiner Romane:

«Sie sind alle ohne sogenannten ‹Charakter›, sie sind alle gespalten und zusammengesetzt, nicht gut und nicht böse, aber beides, nuanciert in ihrem Wesen und in ihren Handlungen wechselnd.

Und so bin zweifellos auch ich selber.»[253]

«Nuanciert» in seinem «Wesen» und in seinen «Handlungen wechselnd» war auch Sven Hedin: er war ein grobschlächtiger Propagandist und ein feinfühliger Zeichner, ein unterhaltsamer Erzähler und ein ernsthafter Wissenschaftler. Und weil er seine Popularität als Erzähler geschickt mit seinem Ansehen als Wissenschaftler förderte – sein Ansehen als Wissenschaftler jedoch ebenso geschickt mit seiner Popularität als Erzähler verstärkte (er pflegte erhaltenes Lob gern in seinen Büchern zu zitieren), blieb gemeinhin unbemerkt, daß sein Ruf als Wissenschaftler zumindest nicht einhellig gut war.

Das Präzisionsnivellement durch die Lop-Wüste nach dem Kara-koschun im Jahre 1901

Denn obwohl Sven Hedin seit der Publikation seiner Doktorarbeit mit Werken wie den *Scientific Results* (1904–07) oder *Southern Tibet* (1916–22) massiv um die Anerkennung als zünftiger Geograph geworben hatte, war seine Leistung unter den Gelehrten von jeher umstritten.

Zwar erkannten sie an, daß er den Transhimalaja als zusammenhängendes Gebirgssystem festgestellt, das Quellgebiet des Indus und des Brahmaputra erkundet und die Problematik des Lop-nor in einer einleuchtenden These zu enträtseln versucht hat. Ihre Anerkennung schlug sich gar – wie das bis heute der Brauch ist – in der Überreichung zahlloser Verdienstmedaillen, der Verleihung von elf Ehrendoktorhüten und der Berufung auf drei Lehrstühle nieder ... die fälligen Laudationes waren lang und überschwenglich.

So leitete Ernst Tiessen, ein Schüler von Richthofens und ehemaliger Kommilitone Hedins, 1921 in «Petermanns Mitteilungen» seine Besprechung von *Southern Tibet* mit der Dithyrambe ein: «Seit rund 25 Jahren hat Sven Hedin dafür gesorgt, daß die auf seine Leistungen gesetzten Erwartungen aufs höchste gespannt, auf eine besondere, ganz persönliche Note gestimmt und endlich doch noch übertroffen werden. Ins In-

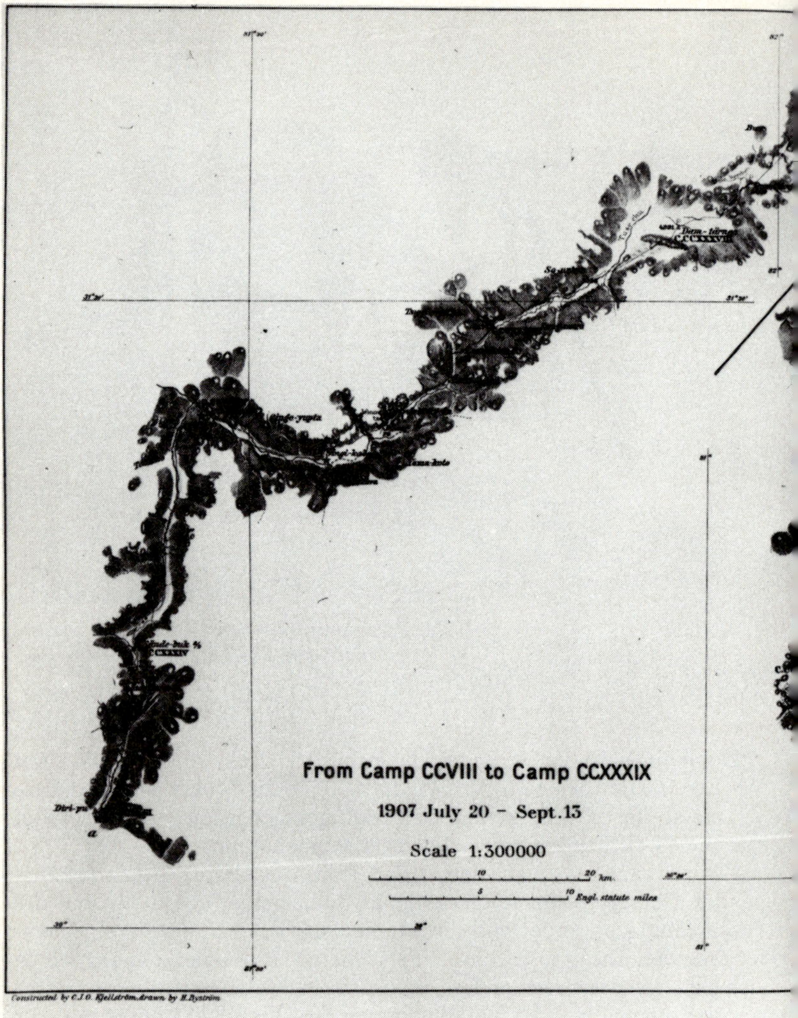

Sven Hedins Karten sind nicht nur geographisch exakt, sondern auch ästhetisch ein Genuß. Hier ein Beispiel aus dem ersten Kartenband zu «Southern Tibet»: das Gebiet um den See Manasarovar

kommensurable stieg die Auswertung seiner Arbeiten zum erstenmal in seinem ‹Central Asia›, einem Koloß von sechs großen Bänden und mehreren Atlanten, wie er von einem einzelnen Forscher über eine eigene

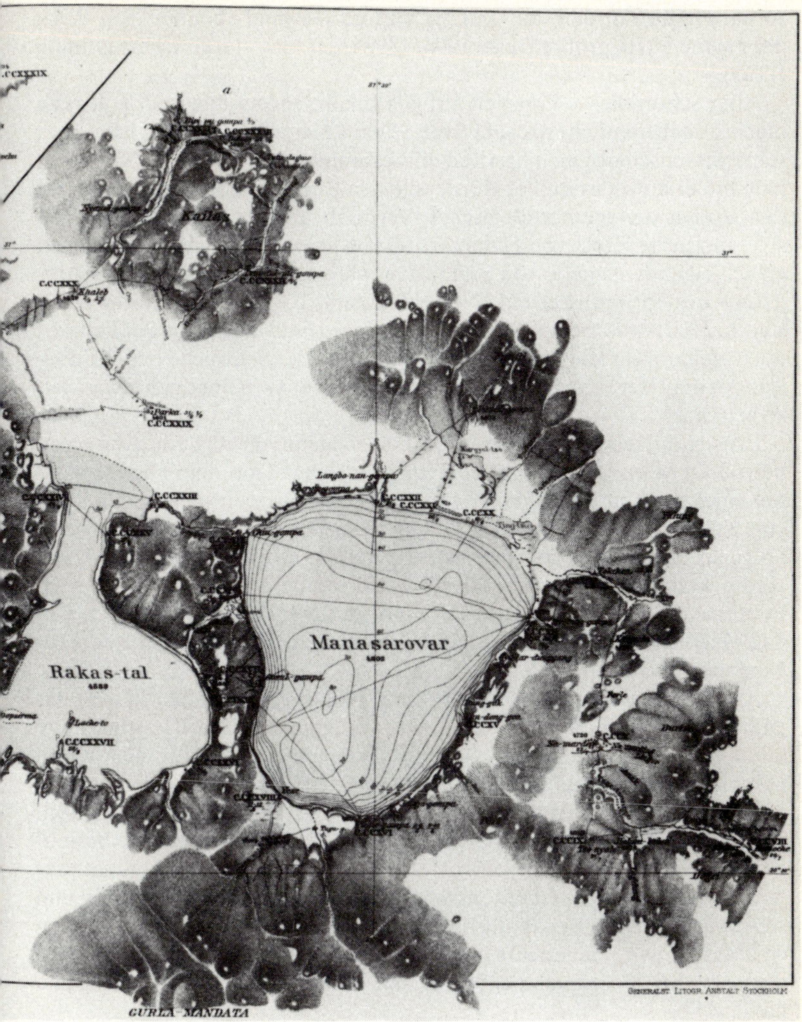

Reise in solchem Umfang und in solcher Ausstattung mit Karten und künstlerischen Bildern wohl kaum zuvor zur Welt gebracht worden war. Wenn nach dieser Richtung ein Überbieten nicht mehr zu erwarten war, so hat Hedin mit dem an Umfang und im Gewand ebenbürtigen Werk über seine letzte größte Reise 1906–08 wieder eine starke Überraschung erzielt.»[254]

Aber schon dieses Preislied auf das Inkommensurable und Kolossale machte auch deutlich, wie sehr Sven Hedins Megalomanie das Urteil über seine wissenschaftlichen Meriten mitbestimmen konnte. Es bedurfte deshalb hin und wieder kühler Köpfe, die den Rekordinhaber ungerührt auf den Boden der methodologischen Vernunft herunterholten. Zum Beispiel monierte Ernst von Hammer 1902 im «Geographischen Jahrbuch»: «Nach eigener Angabe von S. Hedin wäre seine kartographische Aufnahme des Tarimflusses ein völliges Unikum, 100 große Blätter im Maßstab 1:2500, ‹was meines Wissens mit keinem Fluß in Europa der Fall ist›; doch! sogar mit vielen. Man sieht die Stärke oder Schwäche des Waldbestandes am Ufer ‹und jeden einzelnen Baum›: das scheint doch etwas weit zu gehen.»[255]

Ernst von Hammer deckte auf, wie Sven Hedin die ihm von Anfang an bewußten *Mängel meines geologischen Wissens*[256] mit dem Herbeischaffen einer solchen Menge von Fakten zu kompensieren suchte, daß jegliche Kritik der Förderleistung schon vom Gewicht des Datenabraums erdrückt und stumm gemacht werden mußte. *Gründlichkeit*[257] war, wie Hedin kundgab, seine Lieblings-Tugend. Anderen sah das mehr nach Petitessen-Huberei aus. Noch 1918 muckte Erik Wilhelm Dahlgren auf, daß «Hedin in seinem Streben nach Vollständigkeit ... etwas zu weit gegangen»[258] war.

Am zupackendsten hatte Sir Thomas Holdich, der grand old man der englischen Geographie, Sven Hedins verfängliche Forschungsmethode schon vor Jahren entlarvt. In einem kleinen Beitrag für das «Geographical Journal» hatte er reklamiert, daß sich Sven Hedin in Tibet keiner wissenschaftlich-exakten Erdvermessung – sei es durch Triangulation, sei es durch Topographie – befleißigt hatte. Dann warnte er: «Es besteht die Gefahr, daß der Glanz seiner Heldentaten jüngere Forschergenerationen (die nicht sein bemerkenswertes topographisches Gedächtnis und seine künstlerische Begabung besitzen) dazu verleiten könnte, Methoden zu übernehmen, die jedenfalls nicht mit denen vereinbar sind, die zu lehren sich die geographische Schule mit Ernst und Eifer vorgenommen hat ...»[259]

Indigniert erwiderte Hedin, *daß ich einen großen Teil der Reise in Verkleidung zurücklegen mußte, und deshalb nicht verstehen kann, wie eine Triangulation des Terrains unter solchen Umständen möglich gewesen sein sollte*[260].

Genau dies aber war der springende Punkt! Denn Holdich hatte – ebenso wie lange vor ihm Ferdinand von Richthofen – darauf hinweisen wollen, daß Sven Hedins Expeditionen unter sportlichen Gesichtspunkten bisweilen imponierender waren als unter geographischen – daß ihm die Wissenschaft gelegentlich nur als ein Mittel diente, die Strahlkraft seiner Heldentaten vor den Laien zu erhöhen.

Im Gegenzug zu solcher Strategie entwickelte sich das am 23. Februar 1909 in London von der Royal Geographical Society veranstaltete Symposium mit Sven Hedin und den führenden englischen Geographen regelrecht zum Tribunal: sie stellten in Frage, ob der Schwede tatsächlich an den Quellen des Indus und des Brahmaputra gestanden hatte, und bestritten, daß der Name «Transhimalaja» eine korrekte Bezeichnung für jenes Gebirgssystem war. «Insgesamt gesehen herrschte ein schrecklicher Aufruhr», schrieb wenig später der Sekretär der Gesellschaft, John Scott Keltie. Und da Hedin im Zorn von London abgereist war, fügte er hinzu: «Der Hauptgrund dafür ist, im Vertrauen gesagt, daß Hedin enttäuscht war, nicht noch eine dritte Medaille und – weit wichtiger – eine Anerkennung aus der Hand des Königs erhalten zu haben.»[261]

Kritik dieser Art erfuhr Sven Hedin von England aus sein Leben lang (und so lange er lebte, verhinderte er in der Schwedischen Akademie die Verleihung des Nobelpreises für Literatur an Winston Churchill ...). Sogar noch 1953, im Nekrolog des «Geographical Journal», wurde daran erinnert, daß längst der Nachweis erbracht worden sei, wie Sven Hedin, um seinen Anspruch auf eine Entdeckung zu sichern, jeweils das Kriterium für ihre Ortsbestimmung wählte, «das seinen Zwecken am besten entsprach»[262].

Daß die hartnäckigsten Einwände gegen solche Methode aus England kamen, wo man sich auf Grund der kolonialen Präsenz in Asien entweder on location auskannte oder ein militärisches Interesse an sicheren Nachrichten aus den *weißen Flecken* besaß, interpretierte Sven Hedin anfangs stets als Äußerung von eingefleischter Arroganz und Mißgunst. Später aber, als der Erste Weltkrieg entbrannt war und die Royal Geographical Society Sven Hedin von der Liste ihrer korrespondierenden Mitglieder gestrichen hatte, nahm der Geschaßte ihre Kritik überhaupt nicht mehr ernst: jetzt war sie in seinen Augen ein kriegsbedingtes Ressentiment. Kritik hatte seither für Hedin – egal, woher sie auch kam – immer etwas mit Kampf zu tun, sie war ihm etwas Englisches. Und Englisches war eo ipso Inbegriff des Negativen (*«London» – wie schwerfällig, dumpf und altmodisch das klingt!*[263]).

Dennoch gab es Augenblicke, in denen Sven Hedin bereit war, seine Grenzen – wenngleich indirekt – anzuerkennen. So hatte er schon 1909 in einem Brief an Brockhaus den Satz formuliert: *Das überlasse ich ohne Neid den Gelehrten*[264] – Wörter, die ihm bald zur Formel gerannen, denn 1925 wiederholte er: *Die wissenschaftliche Untersuchung überließ ich ohne Neid den Fachleuten.*[265] Ja, 1950 noch beschrieb er sich als einen Mann, der bemüht gewesen war, *die wenig oder nicht bekannten Teile Innerasiens einer Fachleuten vorbehaltenen systematischen Erforschung zu erschließen*[266].

Er war in der Tat ein Wegbereiter zu den wissenschaftlichen Problemen Innerasiens. Und es ist diese Eigenschaft, die bis heute als sein fruchtbarster Beitrag zur wissenschaftlichen Erdkunde, zur physique du monde, in aller Welt respektiert wird.

Ein Denkmal, dauernder als Erz, errichtete sich Sven Hedin mit der Organisation der «wandernden Universität» und der anschließenden Edition der ursprünglich auf 55 Bände angelegten Schriftenreihe *Reports from the Scientific Expedition to the North-Western Provinces of China* (1937ff).

In dieser Schriftenreihe sind Arbeiten enthalten zur Geographie und Geodäsie, zur Geologie und Archäologie, zur Ethnographie und Meteorologie, zur Zoologie und Botanik – wobei es nicht mehr wie nach früheren Expeditionen um die phänomenologische Vergegenwärtigung europaferner Regionen geht, sondern um die Lösung fundamentaler Probleme der Erd- und Menschheitsgeschichte. Deshalb untersuchten Nils Ambolt und Birger Bohlin zum Beispiel die Ausdehnung der Serindia, eines der ältesten Festlandskerne Eurasiens; deshalb studierte Nils Hörner die Ursachen der Austrocknung Innerasiens, legte Folke Bergman einen Aufsatz über Papiergeld aus den chinesischen Yüan- und Ming-Dynastien vor und berichtete Henning Haslund-Christensen über die Anfänge der mongolischen Musik.

«Heute ist es nicht mehr ein einzelner Mensch», schrieb Ambolt 1935 in der Festschrift zu Sven Hedins 70. Geburtstag, «der eine große Reise allein unternimmt, sondern eine Reihe von Spezialisten findet sich unter einer führenden Persönlichkeit in einer Expedition zusammen, und durch die Arbeit der verschiedenen Mitglieder derselben wird erreicht, dass die zu untersuchende Gegend so vielseitig wie möglich erforscht wird. Die Ergebnisse werden zusammengestellt und zusammen bearbeitet, und so erhält man von dem Gebiet ein Bild, das bis ins kleinste detailliert ist.»[267]

Das Bild, zu dem Sven Hedin nicht nur den Grund gelegt, sondern auch den Rahmen geliefert hat, stellt Innerasien vom Kambrium bis in die Gegenwart dar. Doch indem der «Chef» die Präsentation dieses Bildes nicht mehr als ein Mittel zur Selbstdarstellung benutzte, sondern hinter den Arbeiten seiner Kollegen zurücktrat, konnte er sich in seinem Fach endlich einen Namen ohne Makel machen. – Nur, parallel dazu muß man auch sagen:

Als abgeklärter Nestor einer modernen Schule von Asien-Forschern, deren Schriften er anregte, aufeinander abstimmte und am Schluß herausgab, hätte Sven Hedin seit 1936 unangefochten in die Annalen der Wissenschaft eingehen können, wenn er sich auf Grund seiner politischen Fehlentwicklung nicht gleichzeitig zu einem Verhalten hätte hinreißen lassen, das seine Gesamtpersönlichkeit auf Jahre hinaus in Mißkredit brachte.

Der Abstand unserer Tage zu seinen macht es indessen leichter, die

Sammelstücke von Sven Hedins Reisen als Exponate im Ethnographischen Museum, Stockholm

Verdienste Sven Hedins von seinen Fehlern zu trennen und die einen unabhängig von den anderen zu werten und zu würdigen. Die einen sind das Ergebnis seiner Schwäche; die anderen bezeugen seine Stärke. Diese Stärke aber lag darin, die Grenzen seiner fachlichen Qualifikation um der Erweiterung der menschlichen Erkenntnis willen im team-work überwinden zu können.

Dies ist um so mehr zu betonen, als die größten *Eroberungen* Hedins nicht lange von Bestand geblieben sind: ob er wirklich die Quellen des Indus und des Brahmaputra erreicht hat, ist bis heute fraglich; die Bezeichnung «Transhimalaja» hat sich niemals allgemein durchsetzen können; und die Lop-nor-Theorie wurde jüngst ad absurdum geführt, als sich der See, anstatt zu wandern, auf der Stelle in Luft aufgelöst hat – er ist nach der Auskunft chinesischer Geographen ein für allemal verdunstet.

Unzeitgemäße Betrachtungen

Mehr als sechzig Jahre lang hatte Sven Hedin im Licht der Öffentlichkeit gestanden. Er war ein Mitglied in der Solidargemeinschaft aller VIPs gewesen, ein Virtuose der Medien.

Doch nachdem er sich auf Grund seiner eigensinnigen kulturhistorischen Auslegungen und persönlichen politischen Erfahrungen in den großen Ländern dieser Erde jede Sympathie verscherzt hatte und persona non grata geworden war, entwickelte er eine Liebe zu Deutschland, die so blind war, daß sie die Wirklichkeit erst nicht mehr sah und späterhin nicht sehen wollte. Dann ging dieses Deutschland im Blutrausch der Nazis unter, und mit ihm fiel Sven Hedin vor aller Welt in Acht und Bann.

Ein Zeichen der Zeit ist doch, witzelte er gegenüber Hans Brockhaus am 9. Mai 1947, *dass ich keine anonymen Briefe mehr bekomme und dass die roten Zeitungen nicht mehr schimpfen.* [268] Um so geschützter nahm da einer klammheimlich und im Verein mit den von ihm so oft beschworenen «Mächten» postum seine Rache: Strindberg! Am 18. Juni 1947 nämlich meldete das «Svenska Dagbladet» aus Berlin, der neugegründete Kurt Desch Verlag in München werde demnächst mehr als 50 Bände mit Werken des Dichters edieren. Verständnislos fragte Hedin darauf am 19. Juni bei Brockhaus in Wiesbaden an: *Wie ist das möglich, wenn F. A. Brockhaus die neuen Ausgaben von m e i n e n Büchern nicht ... herausgeben können?*[269]

Er vermochte, die Zeichen der Zeit zwar noch immer zu orten, nicht mehr aber zu deuten. So isolierte er sich.

An den Marinemaler Adolf Bock schrieb er am 5. April 1951: *Mit meinen 86 Jahren lebe ich fast wie ein Eremit in meinen wissenschaftlichen Arbeiten vertieft und komme äusserst selten mit der gesellschaftlichen Welt in Verbindung.*[270]

Zurückgezogen machte Sven Hedin in seiner großen Wohnung am Norr Mälarstrand 66 in Stockholm Inventur. Schon 1944 hatte er die Aufzeichnungen seiner Schwedenrundfahrt im Jahre 1913 zu einem Buch verarbeitet, *På svensk mark* (*Auf schwedischem Boden*), 1949 gab er seine Deprekationsschrift *Utan uppdrag i Berlin* (*Ohne Auftrag in Berlin*) heraus, ein Jahr später die beiden Erinnerungsbände *Stormän och kungar* (*Große Männer, denen ich begegnete*, 1950) und wieder ein Jahr später die

Alma Hedin

Zusammenfassung seiner Polemik von 1912 bis 1914, *Försvarsstriden* (*Der Streit um die Verteidigung*, 1951).

Daneben überwachte er die Herausgabe der *Reports*; und er erlebte es noch, wie 1952 das erste Blatt seines *Central Asia Atlas* unter der Regie des amerikanischen Army Map Service in Washington gedruckt werden konnte (alliierte Truppen hatten das Material 1945 im Verlag Justus Perthes in Gotha erbeutet). Als das Werk 1966 vollständig vorlag, war es jedoch schon ein Anachronismus, denn seit drei Jahren vermaß die Raumfahrtbehörde NASA die Erde von ihren Satelliten aus.

Sven Hedin vermochte nach dem Ende des Zweiten Weltkriegs nicht mehr, Anschluß an die neue Zeit zu gewinnen. Ganz im Geiste seiner

Sven Hedin in seinem Arbeitszimmer. Vor ihm steht eine Batterie von signierten Fotos großer Männer, denen er begegnete

alten Germanophilie schrieb er am 4. Juni 1949 an den dänischen Redakteur der Zeitschrift «Ord och Bild», Johannes Lehmann:

Ja, die Welt ist nicht besser geworden, seit wir uns (im Jahre 1926) *das letztemal gesehen haben! Ein scheußlicher Verfall von Verstand und Moral greift überall um sich, und die ganze Welt verwandelt sich in ein Tollhaus. Die Politik, die von den Westmächten betrieben wird, führt zu Europas Untergang, zum Untergang der Welt und ihrer Kultur. Die Menschen sind vom Wahnsinn gepackt wie von einer pathologischen Seuche, und «gegen die Dummheit kämpfen selbst die Götter vergebens».*

Man hegt in den westlichen Ländern eine tödliche Furcht vor einem Wiederauferstehen Deutschlands. Deshalb muß Deutschland niedergehalten und, wenn möglich, ausgelöscht werden. Doch das wird niemals glücken. Die germanische Rasse kann nicht ausgerottet werden. Ihre Zeit kommt noch; und wenn erst einmal die Macht des Bolschewismus gebrochen ist, erhält auch Deutschland seine Chance. Womöglich wäre die Welt noch in Ordnung zu bringen, wenn die Westmächte Deutschland unterstützen wür-

den, anstatt es zu unterdrücken. Aber so, wie es jetzt aussieht, rückt der dritte Weltkrieg immer näher. Ja, er ist nach meiner Überzeugung unausweichlich.[271]

Damit hatte Sven Hedin Gedanken niedergeschrieben, die auszusprechen er vor elf Tagen keine Gelegenheit hatte …

Die Vorderseite des Briefes vom 4. Juni 1949 an Johannes Lehmann

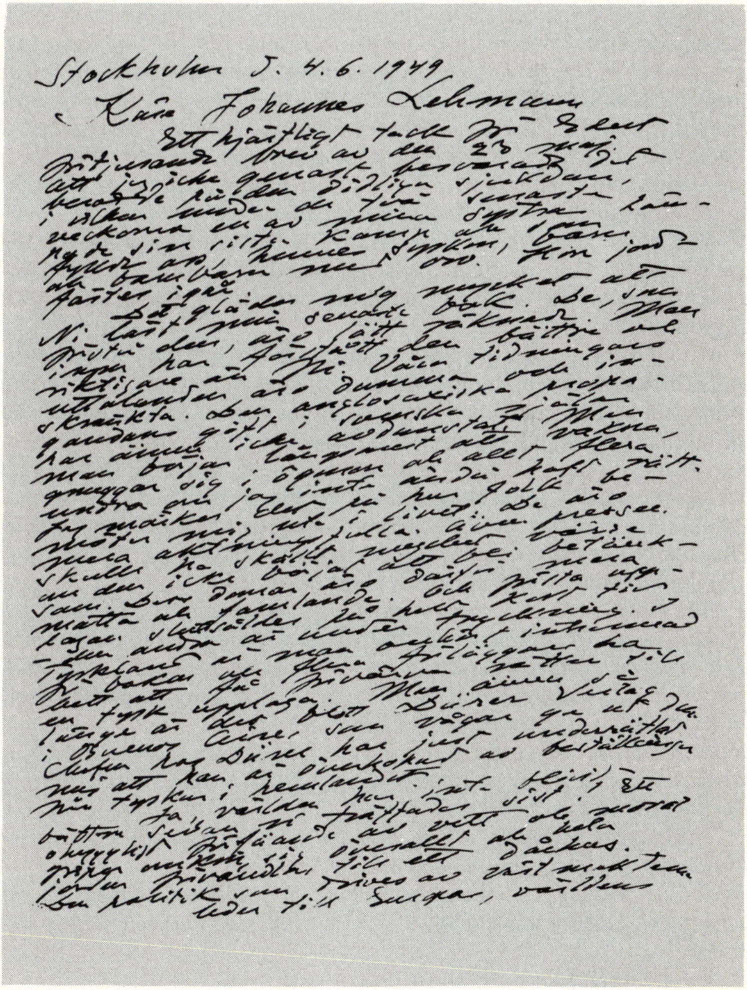

Stockholm d. 4.6.1949.

Kära Johannes Lehmann

Am Abend des 24. Mai 1949 hatte Thomas Mann im Vorgriff auf Goethes 200. Geburtstag in der Schwedischen Akademie zu Stockholm einen Vortrag gehalten, an den sich ein Empfang im kleinen Kreise anschloß. An diesem Empfang, einer der seltenen Verbindungen *mit der gesellschaftlichen Welt*, nahm auch Sven Hedin teil. Und so kam es zu einer Begegnung der beiden alten Herren, die der Schwede in der ihm eigenen Art in seinem bis heute unveröffentlichten Tagebuch festgehalten hat.

Mit einemmal kam Mann direkt auf mich zu, heiter lächelnd, und streckte beide Arme aus: Nein, S(ven) *H*(edin), *das war eine Freude, ich habe Sie mehrmals Vortrag halten hören vor vielen Jahren! Und Ihre grossen fabelhaften Reisen! Sie können was erzählen, so ein reiches Leben! Ich: Und Sie, T*(homas) *M*(ann), *wie wunderbar Ihre Bücher, Doktor Faustus ist meisterhaft! Er: Haben Sie es gelesen? Ist das möglich, wie haben Sie Zeit dafür! Dass Sie D*(okto)*r Faustus gelesen haben, betrachte ich als eine ganz besondere Ehre. Ich: Ich wünschte mit Ihnen gründlich über Deutschland zu sprechen. Er: Ach, ja. – Dann gingen wir auseinander.*[272]

Noch heute klingt aus diesem «Ach, ja» Thomas Manns Abweisung nach, es lieber beim unverbindlichen small talk mit einem Unverbesserlichen zu lassen, als sich in eine nutzlose Auseinandersetzung mit ihm zu begeben.

Wie sie verlaufen wäre, macht die Gegenüberstellung von zwei Adressen sichtbar, die Sven Hedin 1952 und Thomas Mann 1953 an deutsche Studenten gerichtet haben. Während Thomas Mann dazu mahnte, daß «ein Deutschland als selbstbewußt dienendes Glied eines in Selbstbewußtsein geeinten Europa, – nicht etwa als sein Herr und Meister»[273], hergestellt werden solle, brachte Sven Hedin nur die verschwommenen Parolen vor, die er schon 1940 in seinem Geleitwort zu *Eroberungszüge in Tibet* an die *Jugend Großdeutschlands* gerichtet hatte:

Wenn Sie die jetzige schwere Zeit nicht zu ehrlicher Arbeit benutzen, so werden Sie es in einer wahrscheinlich recht nahen Zukunft bereuen. Sie müssen zeigen, daß Sie auch ohne Hilfe des Auslandes fest auf eigenen Beinen stehen können. Gerade in schweren, dunklen Zeiten werden Helden für die Zukunft geboren und erzogen. Es ist keine Kunst zu leben, wenn die ganze Welt zu Ihrer Verfügung steht. Schwer ist es, unabhängig von der Welt und mit Gottes Gnaden allein die höchsten Ziele zu erreichen. Wenn Sie diese schwierige Aufgabe lösen, werden Sie auch Ihren Platz an der Sonne wieder erobern.

Die Hauptsache ist, den Mut nicht fallen zu lassen, sondern mit eiserner Entschlossenheit zu kämpfen und alle die Schwierigkeiten überwinden.

Ich bin überzeugt, daß das deutsche Volk, das endlich aus diesem Kampf hervorgeht, stärker und tüchtiger sein wird als alle anderen Völker der Erde.[274]

Und dann setzte er noch hinzu:

Thomas Mann, 1946

Die Einsamkeit ist kein Unglück. Ich bin jahrelang allein mit asiatischen Dienern gewandelt, und ich liebte die Einsamkeit. Da kann man ungestört arbeiten.[275]

Die Welt der Menschen hat er nie geliebt: das war die Welt der Scherereien und Schikanen – *sobald ich nur die Menschen hinter mir lasse, wird alles spielend gehen*[276]. Deshalb war der Abschied von den Menschen zwar oftmals bitter, doch wie erschütternd und schmerzlich war immer der von den Tieren! *Von den Hunden zu scheiden, ist das Allerschwerste, der Abschied von den Männern ist viel leichter*[277], hieß es, und: ... *von den Kamelen und ihrer grenzenlosen Treue Abschied nehmen zu müssen, wird mir unendlich schwer!*[278]

Sven Hedin im Jahr vor seinem Tod, 1951

Es liegt somit ein tiefer Sinn darin, daß Sven Hedin die letzten beiden Bücher den Tieren widmete, die ihn auf seinen Expeditionen – oft bis in ihr Verderben – begleitet hatten: *Mina hundar i Asien* (*Meine Hunde in Asien*, 1952) und *Karavan och tarantass. Med hästar genom Asien* (*Karawane und Tarantas. Mit Pferden durch Asien*, 1953).

Wie immer nach einer Expedition nahm Sven Hedin zuerst von den Männern (*denen ich begegnete*) Abschied, danach von den Tieren. Dann war er wieder allein. Doch noch für den Eremiten am Norr Mälarstrand blieb die Einsamkeit kein Unglück, denn er arbeitete, so wie er es seit 1887 getan hatte, nächtens an seinen Büchern und versetzte sich dabei in jene Zeit zurück, *als ich mich als Alleinherrscher über das Innerste des größten Kontinents der Erde fühlte*[279].

Mit dieser heroischen Reminiszenz schloß der letzte seiner Briefe. Er hatte fortan keine Lust mehr, noch welche zu schreiben. Die große Reise war zu Ende.

Sven Hedin starb am 26. November 1952.

Sven Hedins Adelswappen. Auf goldenem Schildgrund schwebt ein blauer Globus mit dem lichten Abbild Asiens – über dem Ganzen erhebt sich ein Wanderfalke. Auf dem Spruchband darunter steht in Latein Hedins Motto: «Voluntate et labore» – «Durch Willen und Arbeit».

Der Große?

Die Urne mit der Asche Sven Hedins wurde in der Familiengruft auf dem Stockholmer Adolf-Fredriks-Friedhof gleich neben dem Sozialistenführer Hjalmar Branting beigesetzt. An der Trauerfeier am Montag, dem 1. Dezember 1952, nahmen Vertreter des Königshauses und der Regierung teil, der Schwedischen Akademie und des Diplomatischen Corps. Es galt, einen bedeutenden Toten zu Grabe zu tragen: einen bedeutenden Schriftsteller und einen bedeutenden Forschungsreisenden – vor allem aber einen Mann, der bedeutend war durch seine monumentale Lebensgestaltung.

Er, der sich die Lösung des Lop-nor-Problems nicht anders vorstellen konnte denn in einer Wiederkunft des ewig Gleichen, zog ein Leben lang als Sieger durch die *Sabbatstimmung unbekannter Wüsten*[280] und hielt dabei als Feldzeichen die beiden wasserdichten Stiefel seines Schusters Stjernström empor, unaufhörlich. Es gab keine Vergänglichkeit, es gab nur Immer-Gegenwart. Noch 1944 konnte Sven Hedin den Bericht einer Reise von 1913 niederschreiben, als ob sie gestern stattgefunden hätte; und 1951 faßte er die Jahre 1912 bis 1914 zusammen. Und immer erzählte er dieselben Geschichten über immer dieselben Männer, immer auf dieselbe Weise und immer mit denselben Pointen. Das Leben Sven Hedins war ein heroischer Rundlauf um immer dieselben Standbilder ... bis der Rundlauf selbst am Ende zu einem Mahnmal fremder Zeit versteinerte. Sein Sockel hätte als Inschrift einen Satz aus Goethes «Maximen und Reflexionen» tragen können: «Die Wahrheit gehört dem Menschen, der Irrtum der Zeit an.»

Der Stil des Mahnmals war impressionistisch und frei von jedem dialektischen Einfluß. Georg Wegener, der Studienfreund aus den Berliner Tagen, sagte schon 1903: «Es ist nichts von Grübelei in ihm, keine Spur jener modernen Gebrochenheit der Weltanschauung, die so vielen von uns die Tatkraft lähmt.»[281]

Noch 41 Jahre nach dieser Personenbeschreibung hatte sich an Sven Hedins schlichtem Wahrnehmungsbedürfnis nicht das geringste geändert. Dem Bericht *På svensk mark* (*Auf schwedischem Boden*) schickte er die Bemerkung voraus: *Eine erschöpfende Schilderung Schwedens, so wie es sich uns heute mit seinen gesellschaftlichen und wirtschaftlichen Verhältnis-*

Die Grabstätte der Familie Westman, in der auch Sven Hedin beigesetzt wurde

sen darstellt, mit seinen Arbeitsbedingungen, seiner Industrie, seinem Handel und seiner Politik in den beiden Weltkriegen, wird man hier vergebens suchen. Ich erzähle bloß von jenem Schweden, das ich mit eigenen Augen gesehen habe.[282] So hat er es immer gehalten. Er sah die Uniform und nicht die Seele, den Rang und nicht den Menschen. Er war ein Kartograph.

Seine Sinne konnten keine bewegten Linien erfassen. Eine Routenaufnahme durch das Mäanderland der Demokratie war ihm nicht möglich. Hier breitete sich terra perturbata aus. – Deshalb ging Hedin, um von ihren Wanderdünen nicht erstickt zu werden, dorthin zurück, wo ihm alles greifbar war: in die tibetischen Jurten, an den nächtlichen Schreibtisch; oder dorthin, wo klare Machtstrukturen die Übersicht erleichterten: ins deutsche Kaiser-, später Nazi-Reich.

«Seinem Temperament nach», hieß es, «war er ein Nazi.»[283] Doch das ist nicht wahr. Vielmehr hatte sich Hedin auf seiner Suche nach dem verlorenen Schneid ins Reich der Illusionen verirrt. «Ein Volk, ein Reich, ein Führer», «Kraft durch Freude» und «Arbeit macht frei» ... in solchen

Phrasen meinte er, seine alten Ideale neu belebt zu finden. Aber er täuschte sich. Denn er, der die Welt wie kaum ein zweiter ausgemessen hatte, war weltfremd. Er, der so vielen Menschen unterwegs begegnet war, besaß keine Menschenkenntnis.

Im rite du passage spielte er sein Leben lang die Helden der Geschichten nach, die er als Kind gelesen hatte. Ein Traum von 1907 verrät ihn: *Ich glaube, die Hufschläge eines Rosses zu hören, das einen Reiter in silberner Rüstung über die Granitberge des Transhimalaja durch ein unbekanntes Land trägt, und im Traum glaube ich zu gewahren, daß die Gesichtszüge des Reiters meine eigenen sind.*[284]

In seinen Büchern schweifte Sven Hedin immer wieder zwischen Traum und Wirklichkeit hin und her, denn er hatte sich vergewissert, daß die Realität *oft wunderbarer und märchenhafter als die Phantasie*[285] war. Deshalb zog er, gleichsam wie die Recken einst auf âventiure zogen, einsam aus und kämpfte jenseits der bewohnten Welt hart mit der Natur. Nach Jahren schließlich kehrte er unversehrt vom Holmgang heim und erklärte: heroisch zu leben ist möglich, die Grenzen zwischen Raum und Zeit, zwischen Traum und Wirklichkeit sind offen.

Seither folgen ihm seine Leser. Und so erfahren die einen, wie die Wirklichkeit zum Traum, die anderen, wie der Traum zur Wirklichkeit wird.

Peter Scholl-Latour schreibt 1980 bei der Annäherung an die Oase Turfan in Sinkiang: «Ein Kindheitstraum hat sich erfüllt. Die Saga des schwedischen Forschers Sven Hedin verdichtet sich zur Wirklichkeit ...»[286]

Und Göran Tunström schreibt 1983 in seinem Roman «Juloratoriet» [Das Weihnachtsoratorium]: «In Sunne, in Värmland, hatten zwei Jungen mit den Namen Sidner und Splendid aus Mangel an Kamelen und Schafen vor einigen Jahren Hühnerblut getrunken. Und weil es bei ihnen auch keine Wüste gab, waren sie zu diesem Zweck hinter die Steinmetzen-Werkstatt von Torin und Sleipner gegangen.»[287]

Die Geschichte Sven Hedins ist unendlich.

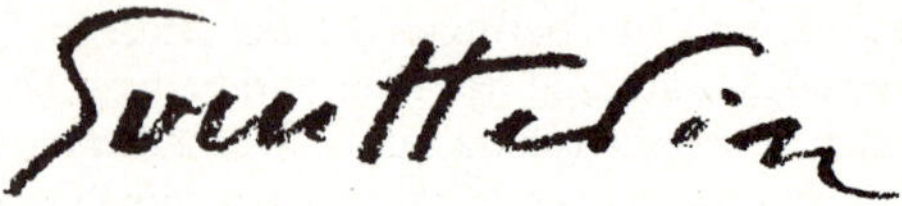

Anmerkungen

Alle fremdsprachigen Texte, zu denen keine deutschen Übersetzungen vorliegen, wurden vom Verfasser übertragen.

1 Um Verwirrung zu vermeiden, werden asiatische Orts- und Personennamen jeweils nach der Schreibweise der Arbeiten Hedins zitiert.

2 Sven Hedin: Ohne Auftrag in Berlin, Tübingen – Stuttgart 1950, S. 278.

3 Brief Sven Hedins vom 4. Juni 1949 an Johannes Lehmann (das Original befindet sich im Besitz des Verfassers, eine Kopie in Sven Hedins arkiv im Riksarkiv, Stockholm, vol. 398).

4 Jan Myrdal: Die Seidenstraße, Wiesbaden 1981, S. 270.

5 Carl von Linné: Nemesis Divina, hg. von Wolf Lepenies und Lars Gustafsson. München 1981, S. 26.

6 Sven Hedin: På svensk mark, red. av Gösta Montell. Stockholm 1944, S. 284.

7 Esaias Tegnér: «Brief vom 6. Juni 1823 an Chr. J. Heurlin», in ders.: Samlade skrifter IV, utg. af Ewert Wrangel och Fredrik Böök, Stockholm 1920, S. 296.

8 Agnes von Krusenstjerna: Porten vid Johannes (= Fröknarna von Pahlen IV), Stockholm 1935, S. 120f. Dort ist die folgende Szene geschildert: «Mitten in dem allgemeinen Lärm und Getöse wurde plötzlich ‹Ruhe!› befohlen. Von überall her winkte man mit Taschentüchern. Auf der einen Längsseite des Balkons war der große Entdeckungsreisende und Brandredner Scholem Aleikoum Berlin ans Geländer getreten und hatte um Aufmerksamkeit gebeten. In flammenden und energischen Sätzen pries Scholem Aleikoum das Haus Hohenzollern, mahnte im Hinblick auf die zweifellos vorhandenen Angriffspläne Rußlands zur Kriegsvorbereitung und rief zum offenen Widerstand gegen die Regierung auf. Wieder ertönte ‹Hurra!›, und wieder wurden die Taschentücher geschwenkt.»

9 Alma Hedin: Mein Bruder Sven, Leipzig 1925, S. 354. – Vgl. hierzu auch, was Kasimir Edschmid über einen Schweden-Besuch im Jahre 1918 schreibt: «Ich war ... Teilnehmer eines Banketts, zu dem Sven Hedin nicht eingeladen war. Zweifellos aus Antisemitismus, nicht aus aktivem, sondern aus gesellschaftlichem – was aber später Sven Hedin nicht hinderte, Hitler zu begrüßen, und Hitler nicht, ihm seinen ‹Webfehler› zu verzeihen. In Deutschland war mir diese Form, Juden und Halbjuden gesellschaftlich zu diffamieren, in der beschränkten Mentalität eines Teils der feudalen Klasse begründet erschienen. Hier in Schweden war aber etwas anderes, etwas In-

stinkt-Geleitetes, das mich nachdenklich machte und erschreckte» (Edschmid: Expressionismus, S. 338).

10 A. Hedin: Bruder, S. 3f.

11 Allan Hagsten: Den unge Strindberg I. Studier kring Tjänstekvinnans son och ungdomsverken, Stockholm 1951, S. 81.

12 August Strindberg: Das rote Zimmer. Schilderungen aus dem Leben der Schriftsteller und Künstler, übers. von Willi Reich, München 1959 (= Goldmanns gelbe Taschenbücher 566), S. 6.

13 Sten Broman: «Franz Berwald – zwischen Beethoven und Berlioz», in: schwedische musik – einst und heute, Stockholm 1970, S. 74.

14 Carl Snoilsky: «Nya och gamla Stockholm», in ders.: Samlade dikter IV, Stockholm 1913, S. 156.

15 Dazu Germund Michanek: Skaldernas konung. Oscar II, literaturen och litteratörerna, Stockholm 1979, S. 74f.

16 A. Hedin: Bruder, S. 2.

17 Sven Hedin: «Farbröderna», in: Hågkomster och livsintryck av svenska män och kvinnor V, Uppsala 1924, S. 149.

18 Sten Selander: Sven Hedin, Stockholm 1957, S. 34.

19 Sven Hedin: Große Männer, denen ich begegnete I, Wiesbaden 1951, S. 67.

20 Sven Hedin: Mein Leben als Entdecker, Leipzig [6]1941, S. 1f.

21 Esaias Tegnér: «Die Polarreise», in ders.: Kleinere Gedichte II, übers. von Gottlieb Mohnike, Leipzig 1840, S. 27.

22 Sven Hedin: Mein Leben als Zeichner, hg. von Gösta Montell, Wiesbaden 1965, S. 8.

23 A. Hedin: Bruder, S. 4f.

24 Hedin: Zeichner, S. 9.

25 A. Hedin: Bruder, S. 18.

26 Esaias Tegnér: «Der Held. 1813», in ders.: Kleinere Gedichte I, übers. von Gottlieb Mohnike, Leipzig 1840, S. 123.

27 Sven Hedins arkiv im Riksarkiv, Stockholm, vol. 286.

28 Hedin: Männer I, S. 76.

29 A. Hedin: Bruder, S. 27.

30 A. Hedin: Bruder, S. 26f.

31 Hedin: Männer I, S. 127f.

32 Carl Forsstrand: Sven Hedin, Stockholm 1915, S. 17.

33 A. Hedin: Bruder, S. 41.

34 Hedin: Männer I, S. 150.

35 Sven Hedin: General Prschewalskij in Innerasien, Leipzig 1922, S. 6.

36 Meister und Schüler. Ferdinand Freiherr von Richthofen an Sven Hedin, hg. von Ernst Tiessen, Berlin 1933, S. 25.

37 Hedin: Männer I, S. 112.

38 Meister und Schüler, S. 74f.

39 Meister und Schüler, S. 37.

40 Meister und Schüler, S. 40.

41 A. Hedin: Bruder, S. 45.

42 Eric Wennerholm: Sven Hedin, Wiesbaden 1978, S. 53.

43 Hedin: Männer I, S. 138.

44 Meister und Schüler, S. 76.

45 Sven Hedin: 50 Jahre Deutschland, Leipzig [5]1941, S. 78.

46 Hedin: Prschewalskij, S. 5.

47 Hedin: Prschewalskij, S. 6.

48 Meister und Schüler, S. 20f.

49 Marco Polo: Von Venedig nach China. Die größte Reise des 13. Jahrhunderts, hg. von Theodor A. Knust, Tübingen [6]1982, S. 84.

50 Sven Hedin: Durch Asiens Wüsten I, Leipzig 1899, S. 12.

51 Hedin: Wüsten I, S. 31.

52 Hedin: Wüsten I, S. 109.

53 Hedin: Wüsten I, S. 114.

54 Hedin: Wüsten I, S. 120.

55 Hedin: Wüsten I, S. 122.

56 A. Hedin: Bruder, S. 60.

57 Hedin: Wüsten I, S. 332.

58 Hedin: Wüsten I, S. 403.
59 Hedin: Wüsten I, S. 426–430.
60 Hedin: Wüsten II, S. 186–193.
61 Meister und Schüler, S. 108.
62 Hedin: Männer II, S. 262.
63 A. Hedin: Bruder, S. 78.
64 Tegnér: Gedichte I, S. 124.
65 A. Hedin: Bruder, S. 79.
66 Hedin: Wüsten I, S. 328.
67 Hedin: Wüsten I, S. 301 f.
68 Sven v. Hedin: Abenteuer in Tibet, Leipzig [3]1909, S. 2.
69 Meister und Schüler, S. 100 f.
70 Hedin: Männer I, S. 106 f.
71 Hedin: Männer I, S. 79.
72 Dazu Wolfgang Herrmann: «Der allein ausziehende Held. Zur Problematik literarischer Wertung am Beispiel des Abenteuer- und Wildwestromans», in: Deutsche Vierteljahrsschrift 46 (1972), S. 320–358.
73 Meister und Schüler, S. 90.
74 Volker Klotz: «Durch die Wüste und so weiter», in: Trivialliteratur. Aufsätze, hg. von Gerhard Schmidt-Henkel et alii, Berlin 1964, S. 35.
75 Herrmann: «Held», S. 345.
76 Ferdinand Freiherr von Richthofen: Führer für Forschungsreisende. Anleitung zu Beobachtungen über Gegenstände der physischen Geographie und Geologie, hg. von Gerhard Stäblein, Berlin [2]1983 (= Reimer Taschenbuch 001), S. 23.
77 Tegnér: Gedichte I, S. 59.
78 A. Hedin: Bruder, S. 85 f.
79 A. Hedin: Bruder, S. 87.
80 Fritz Mühlenweg: Das Tal ohne Wiederkehr, jetzt: Berlin etc. 1961 (= Trio Jugendtaschenbuch 18).
81 A. Hedin: Bruder, S. 82.
82 A. Hedin: Bruder, S. 82.
83 A. Hedin: Bruder, S. 83.
84 A. Hedin: Bruder, S. 64.
85 A. Hedin: Bruder, S. 64.
86 A. Hedin: Bruder, S. 109. Es handelt sich bei diesem – von mir auch in der Kapitelüberschrift verwendeten – Zitat um eine Zeile aus dem am 12. August 1899 in «Stockholms Dagblad» veröffentlichten Gedicht «I Juda städer» [In Judas Städten] von Erik Axel Karlfeldt.
87 Sven Hedin: Im Herzen von Asien I, Leipzig [6]1929, S. 5.
88 Hedin: Asien I, S. 9.
89 Hedin: Asien I, S. 35.
90 Hedin: Asien I, S. 363.
91 Sven Hedin: Adolf Erik Nordenskiöld, Stockholm 1926, S. 137.
92 Hedin: Asien I, S. 396 f.
93 Hedin: Asien II, S. 94 f.
94 Meister und Schüler, S. 124.
95 Hedin: Asien II, S. 118.
96 Hedin: Asien II, S. 213.
97 Hedin: Asien II, S. 183.
98 Sven Hedin und Albert Brockhaus. Eine Freundschaft in Briefen zwischen Autor und Verleger, hg. von Suse Brockhaus, Wiesbaden [2]1956, S. 28.
99 Eric Wennerholm: Sven Hedin. En biografi, Stockholm 1978, S. 125.
100 Hedin: Asien II, S. 370.
101 Hedin: Asien I, S. 22.
102 Hedin: Asien II, S. 94.
103 Hedin und Brockhaus, S. 84, S. 113 et passim.
104 Hedin: Asien I, S. 122 f.
105 A. Hedin: Bruder, S. 123.
106 Hedin: Wüsten II, S. 113 f.
107 Hedin: Asien II, S. 217.
108 Hedin und Brockhaus, S. 36.
109 Tegnér: Gedichte I, S. 57.
110 Hedin: Asien II, S. 22.
111 Hedin und Brockhaus, S. 28.
112 Hedin: Asien II, S. 171.
113 Elias Canetti: Die gerettete Zunge. Geschichte einer Jugend, Frankfurt am Main [8]1982 (= Fischer Taschenbuch 2083), S. 97.
114 Elias Canetti: Masse und Macht, Frankfurt am Main [3]1981 (= Fischer Taschenbuch 6544), S. 249 f.

115 Myrdal: Seidenstraße, S. 273; er bezieht sich auf Hedin: Wüsten I, S. 406.
116 Hedin und Brockhaus, S. 33.
117 A. Hedin: Bruder, S. 133.
118 Hedin: Asien II, S. 92.
119 Hedin und Brockhaus, S. 99.
120 A. Hedin: Bruder, S. 142.
121 Sven v. Hedin: «Der englische Angriff auf Tibet», in: Die Woche 6/25 vom 18. Juni 1904, S. 1086.
122 Forsstrand: Hedin, S. 46.
123 Forsstrand: Hedin, S. 51.
124 Sven Hedin: Transhimalaja I, Leipzig 1909, Abb. 1.
125 Hedin: Transhimalaja I, S. 9.
126 A. Hedin: Bruder, S. 195.
127 Hedin: Transhimalaja I, S. 45.
128 A. Hedin: Bruder, S. 190.
129 Hedin: Transhimalaja I, S. 239.
130 A. Hedin: Bruder, S. 224.
131 Hedin: Transhimalaja I, S. 271.
132 Hedin: Transhimalaja I, S. 292.
133 Hedin: Transhimalaja II, S. 174–180.
134 Hedin: Transhimalaja II, S. 295.
135 Hedin und Brockhaus, S. 89.
136 Hedin: Transhimalaja II, S. 145.
137 Reinhold Messner: Der gläserne Horizont. Durch Tibet zum Mount Everest, München 1984 (= Knaur Taschenbuch 3733), S. 134.
138 Hedin: Transhimalaja II, S. 187.
139 Hedin: Transhimalaja II, S. 194.
140 Hedin: Transhimalaja II, S. 197.
141 Hedin: Transhimalaja II, S. 376.
142 Tegnér: Gedichte I, S. 123.
143 Hedin: Transhimalaja II, S. 318.
144 A. Hedin: Bruder, S. 282.
145 A. Hedin: Bruder, S. 283.
146 A. Hedin: Bruder, S. 285.
147 Björn Meidal: Från profet till folktribun, Stockholm 1982, S. 52.
148 A. Hedin: Bruder, S. 145.
149 August Strindberg: Svarta fanor, Stockholm 1918 (= Samlade skrifter 41, utg. av John Landquist), S. 41.
150 Strindbergsfejden I, utg. av Harry Järv, Uddevalla 1968, S. 17.
151 Strindbergsfejden I, S. 145.
152 Strindbergsfejden I, S. 175.
153 August Strindberg: «Entdecker-Humbug», in ders.: Ein Lesebuch für die niederen Stände, hg. von Jan Myrdal, München 1970 (= Reihe Hanser 49), S. 150.
154 Strindbergsfejden I, S. 329.
155 Strindbergsfejden I, S. 228.
156 Strindberg: Lesebuch, S. 146.
157 Strindbergsfejden I, S. 324.
158 Hedin und Brockhaus, S. 102. Vgl. in der vorliegenden Bildmonographie die Abb. auf S. 64.
159 Esaias Tegnér: «Svar på Hr. L. Hammarskölds Historisk-critiska förklaring i Bihanget N:r 3 till Svensk Litteratur-Tidning 1820», in ders.: Samlade skrifter III, Stockholm 1920, S. 284.
160 A. Hedin: Bruder, S. 338.
161 Jan Stenkvist: «Sven Hedins varningsord», in: Tvärsnitt 1 (1985), S. 11.
162 Sven Hedin: Försvarsstriden 1912–1914, Stockholm 1951, S. 9.
163 Sven Hedin: Ein Warnungsruf, Leipzig 1912, S. 19 und S. 21.
164 Hedin: Försvarsstriden, S. 108.
165 August Strindberg: Tsarens kurir eller Sågfilarens hemligheter, Stockholm 1919 (= Samlade skrifter 53), S. 323.
166 Hedin: Warnungsruf, S. 2.
167 A. Hedin: Bruder, S. 341 f.
168 Hedin und Brockhaus, S. 234.
169 Hedin und Brockhaus, S. 235.
170 Hedin und Brockhaus, S. 234.
171 Sven Hedin: Ein Volk in Waffen, Leipzig 1915, S. 251.
172 Hedin: Volk, S. 402.
173 Hedin: Volk, S. 196.
174 Hedin: Volk, S. 166.
175 Hedin: Volk, S. 420.
176 Hedin: Volk, S. 156.
177 Hedin: Volk, S. 156 f.
178 Strindberg: Kurir, S. 320.
179 Hedin und Brockhaus, S. 248 f.

180 Sven Hedin: Nach Osten!, Leipzig 1916, S. 86.
181 Hedin: Osten, S. 2.
182 Hedin: Osten, S. 257; das Zitat stammt aus Tegnér: «Carl XII.», in ders.: Samlade skrifter III, S. 66.
183 Karl Gustav Ossiannilsson: Sven Hedin – adelsman!, Stockholm 1917, S. 171.
184 Hedin und Brockhaus, S. 310.
185 Hedin und Brockhaus, S. 292.
186 Hedin und Brockhaus, S. 300.
187 Thomas Carlyle: Ueber Helden, Heldenverehrung und das Heldenthümliche in der Geschichte. Sechs Vorlesungen, übers. von J. Neuberg, Berlin [3]1898, S. 6.
188 Hedin: Volk, S. 49 f.
189 Kurt Tucholsky: Die Q-Tagebücher 1934–1935, hg. von Mary Gerold-Tucholsky und Gustav Huonker, Reinbek bei Hamburg 1978, S. 144.
190 Hedin: Transhimalaja I, S. 292.
191 Hedin: Männer I, S. 105.
192 Hedin: Männer I, S. 11.
193 Hedin: Männer I, S. 90.
194 Hedin: Männer I, S. 146.
195 Hedin: Zeichner, S. 7.
196 Sven Hedin: En levnads teckning, Stockholm 1920, S. 6.
197 Hedin: Zeichner, S. 42.
198 Karl David Petrus Rosén: «Sven Hedins forskningar i södra Tibet 1906–1908. Kartarbeten», in: Ymer 38 (1918), S. 147.
199 Dazu: Sven Hedin – Teckningar, red. av Börje Magnusson, Stockholm 1978 (= Nationalmusei utställningskatalog 416), Nr. 47 a und Nr. 47, sowie Hedin: Entdecker, S. 204.
200 Hedin: Teckning, S. 55 f.
201 Hedin: Zeichner, S. 14.
202 Hedin: Osten, S. 212.
203 Hedin: Osten, S. 175.
204 Hedin: Zeichner, S. 21.
205 Hedin und Brockhaus, S. 303.
206 A. Hedin: Bruder, S. 375.
207 Hedin und Brockhaus, S. 300.
208 Hedin und Brockhaus, S. 211 f.
209 Sven Hedin: Auf großer Fahrt, Leipzig [13]1942, S. 48.
210 Hedin: Fahrt, S. 11.
211 Sven Hedin: Rätsel der Gobi, Leipzig [8]1942, S. 25.
212 Hedin: Gobi, S. 1.
213 Wennerholm: Hedin, S. 229.
214 Hedin: Gobi, S. 95.
215 Hedin: Gobi, S. 113.
216 Sven Hedin: Jehol. Die Kaiserstadt, Leipzig [3]1940, S. 30.
217 Sven Hedin: «Preface», in: The Chinese Lama Temple. Potala of Jehol, ed. by Gösta Montell, Chicago 1932, S. 12.
218 Sven Hedin: Die Flucht des Großen Pferdes, Leipzig [11]1942, S. 114.
219 Hedin: Flucht, S. 115.
220 Polo: Venedig, S. 90.
221 Hedin: Wüsten II, S. 144.
222 Hedin: Asien II, S. 84.
223 Sven Hedin: Der wandernde See, Leipzig [5]1940, S. 125.
224 Sven Hedin: Die Seidenstraße, Leipzig [9]1942, S. 205.
225 Hedin: Fahrt, S. 56 f.
226 Peter Scholl-Latour: Allah ist mit den Standhaften. Begegnungen mit der islamischen Revolution, Stuttgart [3]1983, S. 542.
227 Arthur Berger: Mit Sven Hedin durch Asiens Wüsten, Berlin 1932, S. 127.
228 Sven Hedin: Der 9. November!, Leipzig 1921, S. 34.
229 Hedin: Männer II, S. 185.
230 Hedin: Männer I, S. 45.
231 Sven Hedin: Von Peking nach Moskau, Leipzig [2]1924, S. 221.
232 Sven Hedin: Tyskland och världsfreden, Stockholm [5]1937, S. 274.
233 Hedin: Tyskland, S. 286.
234 Sven Hedin: Ohne Auftrag in Berlin, Tübingen – Stuttgart 1950, S. 5.
235 Hedin: Berlin, S. 30.

236 Hedin: Tyskland, S. 268.
237 Kriegspropaganda 1939–1941. Geheime Ministerkonferenzen im Reichspropagandaministerium, hg. von Willi A. Boelcke, Stuttgart 1966, S. 516.
238 Sven Hedins arkiv im Riksarkiv, Stockholm, vol. 624.
239 Sven Hedins arkiv im Riksarkiv, Stockholm, vol. 624.
240 Hans Baumann: «Es zittern die morschen Knochen», in Ernst Loewy: Literatur unterm Hakenkreuz. Das Dritte Reich und seine Dichtung. Eine Dokumentation, Frankfurt am Main – Hamburg 1969 (= Fischer Bücherei 1042), S. 253f.
241 Adolf Hitler: Mein Kampf, München [21]1933, S. 742 (im Original gesperrt).
242 Hitler: Kampf, S. 740.
243 Hedin: Tyskland, S. 352.
244 Hedin: Tyskland, S. 352.
245 Sven Hedin: Amerika im Kampf der Kontinente, Leipzig [3]1943, S. 202.
246 Hedin: Berlin, S. 279.
247 Hedin: Deutschland, S. 198.
248 Wennerholm: Hedin, S. 228. – Ganz zu schweigen davon, daß Gerhart Segers «Oranienburg. Ein authentischer Bericht eines aus dem Konzentrationslager Geflüchteten» (Karlsbad 1934) unter dem Titel «Koncentrationslägret. En skildring från det tyska ‹skyddshäktet› Oranienburg» schon 1934 ins Schwedische übersetzt worden war (vgl. auch Olof Lagercrantz: Mein erster Kreis, Frankfurt am Main 1984, S. 198f.).
249 Hedin: Berlin, S. 97f. und S. 99.
250 Hedin: Berlin, S. 95.
251 Hedin: Berlin, S. 86.
252 Sven Delblanc: Zahak. Persiska brev, Stockholm 1972 (= Delfinserien 447), S. 88.
253 Tore Hamsun: Knut Hamsun, mein Vater, München 1953, S. 439f.
254 Ernst Tiessen: «Sven Hedins ‹Süd-Tibet›», in: Petermanns Mitteilungen 67 (1921), S. 88f.
255 Ernst Hermann Heinrich von Hammer: «Die methodischen Fortschritte der geographischen Landmessung», in: Geographisches Jahrbuch 25 (1902), S. 406.
256 Hedin: Männer I, S. 107.
257 Erik Lindorm: Oscar II och hans tid, Stockholm 1934, S. 359.
258 Erik Wilhelm Dahlgren: «Sven Hedins forskningar i södra Tibet 1906–1908. Historisk geografi och kartografi», in: Ymer 38 (1918), S. 123.
259 Thomas Holdich: «What we have learnt from Dr. Sven Hedin», in: The Geographical Journal 33 (1909), S. 438.
260 Sven Hedin: «Reply», in: The Geographical Journal 33 (1909), S. 439.
261 Charles Allen: A Mountain in Tibet, London 1982, S. 234.
262 C. P. S.: «Sven Hedin», in: The Geographical Journal 119 (1953), S. 253, Anm. 1.
263 Sven Hedin: Von Pol zu Pol I, Wiesbaden 1980, S. 363.
264 Hedin und Brockhaus, S. 99.
265 Hedin: Entdecker, S. 130.
266 Hedin: Männer I, S. 107.
267 Nils Ambolt: «Der moderne Theodolit im Dienste des Forschungsreisenden», in: Hyllningsskrift tillägnad Sven Hedin, red. av Axel Wallén, Stockholm 1935, S. 22.
268 Archiv des F. A. Brockhaus Verlages, Wiesbaden.
269 Archiv des F. A. Brockhaus Verlages, Wiesbaden (die Sperrung ist von mir, D. B.).
270 Sven Hedins arkiv im Riksarkiv, Stockholm, vol. 439.

271 Wie Anm. 3.

272 Sven Hedins arkiv im Riksarkiv, Stockholm, vol. 65, S. 6032.

273 Thomas Mann: «Ansprache vor Hamburger Studenten», in ders.: Politische Schriften und Reden 3, hg. von Hans Bürgin, Frankfurt am Main – Hamburg 1968 (= Fischer Bücherei 118), S. 359.

274 Sven Hedin: «Gruß an die deutschen Studenten», in: Nation Europa 2 (1952), S. 37.

275 Hedin: «Gruß», S. 37.

276 A. Hedin: Bruder, S. 202.

277 A. Hedin: Bruder, S. 260.

278 Sven Hedin: Zu Land nach Indien II, Leipzig ^{2}1920, S. 278.

279 Wennerholm: Hedin, S. 249.

280 Hedin: Indien I, S. 40.

281 Georg Wegener: «Sven Hedin», in: Westermanns illustrierte deutsche Monats-Hefte 47 (1903), S. 361.

282 Hedin: Mark, S. 10.

283 C. P. S.: «Hedin», S. 253.

284 Hedin: Transhimalaja II, S. 104.

285 Hedin: Fahrt, S. 260.

286 Scholl-Latour: Allah, S. 535.

287 Göran Tunström: Juloratoriet, Stockholm 1983, S. 141.

Zeittafel

1865	19. Februar: Sven Anders Hedin in Stockholm, Hötorgsgatan 1, geboren.
1868–1872	Der deutsche Geograph Ferdinand von Richthofen unternimmt insgesamt sieben Forschungsreisen durch China.
1869–1874	Der deutsche Afrika-Forscher Gustav Nachtigal erkundet die Sudan-Region.
1870–1871	19. Juli: Ausbruch des Deutsch-Französischen Krieges. Friede von Frankfurt am Main: 10. Mai 1871.
1871	18. Januar: Proklamation Wilhelms I. zum deutschen Kaiser. 10. November: Stanley findet Livingstone bei Ujiji.
1872	18. September: Carl XV. von Schweden gestorben. Sein Nachfolger wird Oscar II.
1872–1885	Sven Hedin besucht die Beskowsche Schule (und zwar ein Jahr länger als gewöhnlich, weil er in der zweiten Klasse sitzenbleibt).
1873	1. Mai: David Livingstone gestorben.
1876	22. April: Alma Hedin geboren.
1878	Sven Hedin zeichnet seine ersten Landkarten. 18. Juli: Adolf Erik Nordenskiöld sticht mit der «Vega» in See, um die Nordostpassage zu finden.
1879	26. Mai–5. Juni: Der Streik der Holzarbeiter von Sundsvall sorgt in Schweden allgemein für Aufsehen – es ist der erste Streik im Lande. August Strindbergs Roman «Röda rummet» erscheint.
1880	24. April: Sven Hedin erlebt die Heimkehr Nordenskiölds auf der «Vega».
1881	5. Februar: Thomas Carlyle gestorben. Die Hedins ziehen um nach Smålandsgatan 6.
1881–1882	Sven Hedin zeichnet einen Weltatlas in sechs Bänden.
1882	Er verfaßt sein *hochdramatisches* Versepos *Arab-el-Cid*. 19. April: Charles Darwin gestorben.
1883	13. Februar: Richard Wagner gestorben. 14. März: Karl Marx gestorben.
1884	Sven Hedin wird Nordenskiöld vorgestellt. Nachtigal schließt im Auftrag Bismarcks zahlreiche «Schutzverträge» in Togo und Kamerun ab.
1885	Sven Hedin macht sein Abitur. Kurz danach absolviert er einen Kursus in Topographie bei Nils Selander.
1885–1886	15. August: Abreise nach Balakani bei Baku, wo er als Hauslehrer

Erhard Sandgrens arbeitet. Erste Reise durch Persien. Heimkehr: 18. September 1886.

1886 Besucht Ármin Vámbéry in Budapest. Trifft Henrik Ibsen auf einem Dampfer im Götakanal. Beginnt sein Studium bei Waldemar Brøgger in Stockholm. Wirbt im Dezember vergeblich um eine Schulkameradin seiner Schwestern. In der Zeitschrift «Ymer» erscheint seine erste wissenschaftliche Publikation (*Om Baku och Apscheronska halfön*).

1887 Leistet im Sommer in Vaxholm seinen Wehrdienst ab. Freundschaft mit Fridtjof Nansen. Die erste Buchveröffentlichung: *Genom Persien, Mesopotamien och Kaukasien*. Die Auswanderung von Schweden nach Amerika erreicht ihren Höhepunkt: 46901 Personen verlassen ihre Heimat. Francis E. Younghusband durchstreift die Wüste Gobi.

1888 Sven Hedin setzt sein Studium an der Universität von Uppsala fort. Trifft Nansen in Oslo. Die Hedins ziehen um nach Norra Blasieholmshamnen 5B. Stanley befreit Eduard Schnitzer alias Emin Pascha im April aus der Gewalt von Eingeborenen am Albert-See. 15. Juni: Nach dem Tode von Wilhelm I. am 9. März und Friedrich III. am 15. Juni besteigt in Deutschland Kaiser Wilhelm II. den Thron. 1. November: Nikolaj M. Prschewalskij gestorben. 14. Dezember: Sven Hedin ist Kandidat der Philosophie.

1889 Erkrankt an einer Regenbogenhaut-Entzündung. Nimmt am Orientalisten-Kongreß in Stockholm teil. Erhält eine Einladung, die Gesandtschaft zu Schah Nasr-ed-Din von Persien zu begleiten. Gründung der schwedischen sozialdemokratischen Arbeiterpartei (SAP).

1889–1892 Sven Hedin setzt sein Studium bei Ferdinand von Richthofen in Berlin fort. Wohnt erst in der Marien-, dann in der Friedrichstraße.

1890 Wird dem schwedischen König Oscar II. vorgestellt. Erster großer Vortrag bei Richthofen. 20. März: Entlassung Bismarcks.

1890–1891 12. April: Abreise Hedins mit der Gesandtschaft Oscars II. zum Schah von Persien, die er als Dolmetscher und Vizekonsul begleitet. Zweite Reise durch Persien. 11. Juli: Besteigt den Demavend. Besucht am 6. Januar 1891 das Grab Prschewalskijs am Issik-kul. Heimkehr: 29. März 1891.

1891 5. Oktober: Einzige persönliche Begegnung mit August Strindberg. *Konung Oscars beskickning till schahen af Persien år 1890. General Prschevalskij's forskningsresor i Centralasien*. Selma Lagerlöfs Roman «Gösta Berlings saga» erscheint.

1892 27. April: Sven Hedin nimmt sein Studium bei Richthofen wieder auf. 11. Juni: Vortrag über den Demavend vor der Berliner Gesellschaft für Erdkunde. 13. Juni: Fortsetzung des Studiums bei Alfred Kirchhoff in Halle. 28. Juli: Promotion zum Dr. phil. mit der Arbeit *Der Demavend nach eigener Beobachtung*. 9. August: Vergeblicher Versuch, seine ersten schwedischen Bücher bei Brockhaus zu placieren. 22. August: Heimkehr nach Stockholm.

1892–1893 *Genom Khorasan och Turkestan*.

1893 Erste Augenoperation. Wird von Kerstin Cardon gemalt.

1893–1897 16. Oktober: Abreise zur ersten Expedition nach Zentralasien. Sven

	Hedin erforscht den Pamir, durchquert die Wüste Takla-makan («Stiefel-Szene» am 5. Mai 1895) und reist ins hohe Tibet. Rückkehr: 10. Mai 1897.
1893–1896	Fridtjof Nansens und Otto Sverdrups Driftfahrt mit der «Fram».
1894–1895	Der Japanisch-Chinesische Krieg endet mit dem Sieg Japans.
1896	10. Dezember: Alfred Nobel gestorben.
1897	5. Mai: Sven Hedins erste Audienz bei Zar Nikolaus II. 11. Mai: Erhält von Oscar II. das Ritterkreuz des Nordsternordens mit Brillanten. 15. Mai: Begleitet Salomon August Andrée bei dessen Abreise von Stockholm zum Zug. 11. Juli: Andrée startet, um den Nordpol mit dem Ballon zu erreichen; wenige Tage später ist er verschollen. 22. November: Erster Vortrag Sven Hedins vor der Royal Geographical Society.
1897–1899	Verner von Heidenstams Roman «Karolinerna» erscheint.
1898	25. Mai: Hedin trifft Henry Morton Stanley in London. Erhält aus der Hand Nordenskiölds die Vega-Medaille der schwedischen Geographischen Gesellschaft. Schließt mit Brockhaus einen Zehntausend-Mark-Vertrag über die Veröffentlichung seines ersten Buches in Deutschland. Erste von zahlreichen Begegnungen mit Kaiser Franz Joseph I. von Österreich. *En färd genom Asien 1893–97.*
1899	Wirbt vergeblich um Maria («Mille») Broman. *Genom Asiens öknar.*
1899–1902	24. Juni: Abreise zur zweiten Expedition nach Zentralasien. Sven Hedin unternimmt eine 2000 Kilometer lange Flußfahrt auf dem Tarim, erforscht den Lop-nor und scheitert bei dem Versuch, nach Lhasa vorzudringen. Rückkehr: 27. Juni 1902.
1900	25. August: Friedrich Nietzsche gestorben. Boxeraufstand in China. *Die geographisch-wissenschaftlichen Ergebnisse meiner Reisen in Zentralasien 1894–1897.*
1901	12. August: Adolf Erik Nordenskiöld gestorben. Rudyard Kiplings Roman «Kim» erscheint.
1901–1903	Südpol-Expedition des deutschen Geographen Erich von Drygalski.
1902	1. Juli: Sven Hedin wird – als letzter Schwede überhaupt – geadelt. Freundschaft mit Selma Lagerlöf. 29. Dezember: Robert F. Scott erreicht bei 82° 17′ den südlichsten von Menschen bisher je betretenen Punkt der Erde.
1903	1. Januar: Erste Begegnung mit Wilhelm II. Carl Larsson zeichnet Hedin. *Asien. Tusen mil på okända vägar.*
1903–1904	Gewaltsamer Vormarsch englischer Truppen unter Younghusband nach Lhasa.
1903–1905	Der deutsche Geograph Wilhelm Filchner erforscht zusammen mit Albert Tafel das Hochland von Tibet.
1903–1906	Der Norweger Roald Amundsen erkundet die Nordwestpassage.
1904	26. März: Im Riddarhuset in Stockholm wird Sven Hedins Wappenschild mit dem Wahlspruch «Voluntate et labore» aufgehängt, «Durch Willen und Arbeit». 10. Mai: Henry Morton Stanley gestorben. *Tibetanska äfventyr.*
1904–1905	Der Russisch-Japanische Krieg endet mit dem Sieg Japans.
1904–1907	*Scientific Results of a Journey in Central Asia 1899–1902.*
1905	24. März: Jules Verne gestorben. 7. Juni: Aufhebung der Personal-

	union von Schweden und Norwegen (Streit Hedins mit Nansen). Sven Hedin wird Mitglied der Königlichen Schwedischen Akademie der Wissenschaften, lehnt es aber ab, sich in den Reichstag wählen zu lassen. Karl Staaff bildet die erste liberale Regierung Schwedens. 6. Oktober: Ferdinand von Richthofen gestorben. *Sverige och den stora östern.*
1905–1909	16. Oktober: Abreise zur dritten Expedition nach Zentralasien. Sven Hedin durchzieht die Wüste Kewir, überschreitet achtmal den Transhimalaja und erforscht das Quellgebiet des Indus und des Brahmaputra. Rückkehr: 17. Januar 1909.
1906	23. Mai: Henrik Ibsen gestorben.
1906–1907	Selma Lagerlöfs Roman «Nils Holgerssons underbara resa genom Sverige» erscheint.
1907	8. Dezember: Oscar II. von Schweden gestorben. Sein Nachfolger wird Gustaf V.
1908	26. November: Sven Hedin wird vom japanischen Kaiser Mutsuhito empfangen.
1909	Generalstreik in Schweden. Einführung des allgemeinen Wahlrechts für Männer. Selma Lagerlöf erhält den Nobelpreis für Literatur. Sven Hedin wird Mitglied der Königlichen Schwedischen Akademie der Kriegswissenschaften. Dr. phil. h. c. der Universität Oxford. Dr. phil. h. c. der Universität Cambridge. Freundschaft mit Verner von Heidenstam. 6. April: Robert E. Peary erreicht den Nordpol. *Transhimalaya* (Band 3 kommt 1912 heraus).
1910	Im Januar Audienz bei Pius X. Im Mai Begegnung mit Theodore Roosevelt. Schlägt eine Professur an der Universität von Stockholm aus. Die «Strindberg-Fehde». *Svar på «tal». Öfver land till Indien genom Persien, Seistan och Belutjistan.*
1911	15. Dezember: Roald Amundsen am Südpol. *Från pol till pol.*
1912	17. Januar: Robert F. Scott gelangt vier Wochen nach Amundsen in die Nähe des Südpols. 26. Januar: Gründung des «Schwedischen Panzerkreuzer-Vereins». 30. März: Karl May gestorben. 14./15. April: Untergang der «Titanic». 14. Mai: August Strindberg gestorben. Erster Balkankrieg. *Ett varningsord.*
1913	Zweiter Balkankrieg. Sven Hedin wird als Nachfolger Hans Hildebrands Mitglied der Schwedischen Akademie. 2. August–18. September: Rundreise durch Südschweden. *Scoutliv i Tibet. Tre tal.*
1914	6. Februar: Zug schwedischer Bauern vor das Stockholmer Schloß, um für die Stärkung der Verteidigungsbereitschaft des Landes zu demonstrieren. Sven Hedin verfaßt die Antwortrede Gustafs V. 17. Februar: Nach dem Rücktritt des Liberalen Karl Staaff bildet der Konservative Hjalmar Hammarskjöld die neue schwedische Regierung. 28. Juni: Ermordung des österreichisch-ungarischen Thronfolgers Franz Ferdinand in Sarajewo. 28. Juli: Ausbruch des Ersten Weltkriegs. 8. August: Neutralitätsdeklaration von Schweden und Norwegen. 11. September–2. November: Sven Hedin reist an die Westfront. Verschiedene Begegnungen mit Wilhelm II. *Minne af Hans Hildebrand. Andra varningen. Fyra tal. Tal till ungdemokrater, borgare och bönder.*

1915 Dr. iur. h. c. der Universität Breslau. 25. Februar–2. September: Reist an die deutsche Ostfront. 1. März: Erste Begegnung mit Hindenburg. 22. März: Die Royal Geographical Society streicht Sven Hedins Namen von ihrer Mitgliederliste. 3. Mai: Stapellauf des schwedischen Kriegsschiffs «Sverige». 4. Juli: Letzte Begegnung Sven Hedins mit Kaiser Franz Joseph I. *Från fronten i väster. Kriget mot Ryssland.*

1916 24. Februar–25. September: Orientfahrt. Verner von Heidenstam erhält den Nobelpreis für Literatur. 21. November: Kaiser Franz Joseph I. von Österreich gestorben.

1916–1922 *Southern Tibet.*

1917 17. Februar: Sven Hedins Vater Ludvig Hedin gestorben. 8. März: Ausbruch der russischen Revolution. 6. April: Kriegseintritt der USA. 18. Juli: Sven Hedin nimmt an der feierlichen Exhumierung Karls XII. in der Riddarholmskirche teil. 3. November: Letzte Begegnung mit Wilhelm II. auf deutschem Boden. *Bagdad, Babylon, Ninive. Till Jerusalem.*

1918 9. November: Thronverzicht Wilhelms II. Ausrufung der deutschen Republik. *Sveriges öde.*

1918–1927 *Eine Routenaufnahme durch Ostpersien.*

1919 22. Januar: Carl Larsson gestorben. 28. Juni: Unterzeichnung des Versailler Vertrags. Sven Hedin wird Dr. med. h. c. der Universität Rostock. *Bengt Bengtsson Oxenstierna.*

1920 Mit Hjalmar Branting erhält Schweden seinen ersten sozialdemokratischen Ministerpräsidenten. Erste Ausstellung von Sven Hedins Zeichnungen. *En levnads teckning.*

1920–1922 *Tsangpo Lamas vallfärd.*

1921 27. März: Albert Brockhaus gestorben. Einführung des allgemeinen Wahlrechts für Männer und Frauen in Schweden. *Resare-Bengt. Der 9. November!.*

1921–1924 Große Arktis-Expedition des Dänen Knud Rasmussen.

1922 Fridtjof Nansen erhält den Friedens-Nobelpreis. Sven Hedin wirbt vergeblich um Elisabeth Plessen, verheiratete Fürstin Fugger-Babenhausen. *Mount Everest och andra asiatiska problem.*

1923 1. Februar–19. Dezember: Weltreise. 11. April: Besucht Henry Ford in Detroit.

1924 *Från Peking till Moskva.*

1924–1925 Die «Ossendowski-Fehde», in deren Verlauf Sven Hedin zu Unrecht die Glaubwürdigkeit des polnischen Reiseschriftstellers Ferdinand Antoni Ossendowski in Frage stellt.

1925 24. Februar: Hjalmar Branting gestorben. 19. Juni: Sven Hedins Mutter Anna Hedin gestorben. Abrüstungsbeschluß des schwedischen Reichstags. *Ossendowski und die Wahrheit. Grand Canyon. My Life as an Explorer.* Alma Hedin: «Mein Bruder Sven».

1926 Sven Hedin besucht im Frühjahr Wilhelm II. in Doorn. 20. September: Erneuter Besuch bei Hindenburg in Berlin. Im Dezember Wiedersehen mit dem Taschi-Lama in Peking. *Adolf Erik Nordenskiöld.*

1926–1935 25. Oktober: Abreise zur letzten Expedition nach Zentralasien. Sven Hedin erkundet zuerst im Auftrag der deutschen Lufthansa die Flugmöglichkeiten nach Fernost, dann leitet er die «wandernde Universität» und sucht im Dienste des Amerikaners Bendix einen Lama-Tempel für die Weltausstellung in Chicago, schließlich prüft er für die chinesische Regierung die Trassenführung zweier Straßen nach Sinkiang. Rückkehr: 15. April 1935.

1928 Dr. phil. h. c. der Universität Heidelberg. *Åter till Asien.*

1929 8. März: Zusammentreffen mit Tschiang Kai-schek in Nanking. 11. Juli: Wegen eines Krebsverdachts in Boston, Mass., untersucht – Ergebnis: kein Befund.

1930 13. Mai: Fridtjof Nansen gestorben. Auf der Insel Vitön wird Andrées Todeslager entdeckt. *Gobiöknens gåtor.*

1931 14. Mai: Eine landesweite Streikbewegung erreicht in den Auseinandersetzungen von Lunde in Ådalen (fünf Tote) ihren Höhepunkt. Sven Hedin zieht um nach Norr Mälarstrand 66. Dr. phil. h. c. der Handelshochschule Berlin. *Jehol, kejsarstaden.*

1932 Überwacht die Aufstellung der Tempel-Kopie in Chicago. Der Sozialdemokrat Per Albin Hansson wird schwedischer Ministerpräsident. Die «Sino-Swedish Expedition» wird in China mit einer eigenen Briefmarkenserie geehrt.

1933 30. Januar: Adolf Hitler wird deutscher Reichskanzler. 16. November: Letzte Begegnung Sven Hedins mit dem Taschi-Lama im Kloster Beli-miao. *Meister und Schüler.*

1934 *Erövringståg i Tibet.*

1935 24. Februar: Zweites Zusammentreffen mit Tschiang Kai-schek. 14. April: Erste Begegnung mit Adolf Hitler. 2. August: Nach dem Tode Hindenburgs wird Adolf Hitler als Führer und Reichskanzler alleiniges deutsches Staatsoberhaupt. Sven Hedin Dr. phil. h. c. der Universität Uppsala. *Stora hästens flykt.*

1936 18. Januar: Rudyard Kipling gestorben. 26. März: *Wallfahrt* Sven Hedins zu Hindenburgs Grab bei Hohenstein in Ostpreußen. 4. August: Ansprache im Berliner Olympia-Stadion. 9. und 10. Dezember: Erneuter Besuch bei Wilhelm II. in Doorn. *Sidenvägen.*

1937 Beginn der Publikation von *Reports from the Scientific Expedition to the North-Western Provinces of China. Den vandrande sjön. Tyskland och världsfreden.*

1938 *50 Jahre Deutschland.*

1939 1. September: Ausbruch des Zweiten Weltkriegs. Bildung einer «Sammlungsregierung» in Schweden. 16. Oktober: Zweiter Besuch Sven Hedins bei Adolf Hitler. *Chiang Kai-Shek, Marskalk av Kina.*

1940 4. März: Dritter Besuch bei Adolf Hitler. 16. März: Selma Lagerlöf gestorben. 9. April: Besetzung Dänemarks. 9. Juni: Eroberung Norwegens. 20. Juni: Verner von Heidenstam gestorben. 5. Dezember: Vierter Besuch Sven Hedins bei Adolf Hitler.

1941 Schweden gestattet deutschen Militärtransit. 4. Juni: Wilhelm II. in Doorn gestorben. 11. Dezember: Deutschland erklärt den USA den Krieg.

1942 Beginn der systematischen Ermordung von Juden durch deutsche Nazi-Schergen. *Amerika im Kampf der Kontinente. Sven Hedin und Albert Brockhaus.*

1943 Sven Hedin nimmt im Januar an der Einweihung des nach ihm benannten Reichsinstituts für Zentralasiatische Forschung in München teil. Dr. phil. h. c. der Universität München.

1944 *På svensk mark. Ett nytt varningsord. Im Kampf gegen Wüste und Tod.*

1945 30. April: Selbstmord Hitlers. 8. Mai: Kapitulation der deutschen Wehrmacht. 6. August: Abwurf einer Atombombe über Hiroshima.

1946 Der Sozialdemokrat Tage Erlander wird schwedischer Ministerpräsident.

1949 23. Mai: Gründung der Bundesrepublik Deutschland. 24. Mai: Begegnung Sven Hedins mit Thomas Mann in Stockholm. *Utan uppdrag i Berlin.*

1950 25. Juni: Ausbruch des Korea-Kriegs. 29. Oktober: Gustaf V. gestorben; sein Nachfolger ist Gustaf VI. Adolf. *Stormän och kungar.*

1951 *Försvarsstriden 1912–1914.*

1952 19. Februar: Knut Hamsun gestorben. 26. November: Sven Hedin in Stockholm gestorben und am 1. Dezember im Familiengrab der Hedins auf dem Adolf-Fredriks-Friedhof beigesetzt. *Mina hundar i Asien.*

1953 *Karavan och tarantass.*

1954 Eröffnung einer Gedächtnisausstellung für Sven Hedin in Stockholm (1955 wird sie auch im Rautenstrauch-Joest-Museum in Köln gezeigt).

1958 21. Mai: Alma Hedin gestorben.

1959 Aufstellung eines Epitaphs von Liss Eriksson auf Sven Hedin in der Adolf-Fredriks-Kirche in Stockholm. Die Inschrift lautet: «Asiens unbekannte Weiten waren seine Welt / Schweden blieb sein Zuhause».

Zeugnisse

August Strindberg

Hedin hat bis ins Unendliche Sandhaufen beschrieben und Felsen kartiert, die seit jeher bekannt waren, obwohl niemand sich die Mühe gemacht hatte, sie auf einer Karte zu verzeichnen. Und sämtliche Felsen sind Wasserscheiden, aus dem natürlichen Grunde, daß das Wasser bergab und nicht bergauf fließt. Ein gewöhnlicher, gut ausgerüsteter Landvermesser würde ohne pittoreske Abenteuer Hedins kartographische Arbeiten durchgeführt haben, aber sein Name wäre nie weiter gedrungen als bis ins Landvermessungsamt. Hedin jedoch reist als ein unwissender Landvermessungs-Auskultant; er beherrscht nicht die Landessprache, ist in den Naturwissenschaften kaum, in der Altertumsforschung und Geschichte nur wenig bewandert. Alle diese Kenntnisse besaß sein großer schwedischer Vorläufer Strahlenberg, und Strahlenbergs einziger Quartband enthält mehr Stoff als Hedins sämtliche Quartbände, die die Nation über hunderttausend Kronen gekostet haben.

«Entdecker-Humbug». 1910

Fredrik Böök

Laßt uns froh darüber sein, daß es uns vergönnt ist, einen der letzten Ritter des Abenteuers mitten unter uns zu haben, einen, der sein Leben in der Wüste für eine Schimäre gewagt hat! Denn mögen auch alle wissenschaftlichen Gesellschaften der Welt Sven Hedin zu ihrem Ehrenmitglied machen – er hat dem Hitzetod und den Schneestürmen nicht um der Wissenschaft willen getrotzt. Was ihn vorangetrieben hat, sind Instinkte, die als dunkle Reminiszenz in den Wurzeln seines Ahnenstammes schlummern.

«Sven Hedin». 1911

Alma Hedin

Die Gabe, mit Menschen aller Art umgehen zu können und sich bei ihnen beliebt zu machen, war Sven angeboren. Sie erklärt mehr als vieles andere, daß seine Reisen so friedlich und glücklich abgelaufen sind. Alle haben ihn gern gehabt, und es gibt tausend rührende Beweise von

Freundlichkeit und Gefälligkeit, die er auf seinen Reisen von Asiaten und Europäern erfahren hat. Das Gegenteil ist fast nie der Fall gewesen, bevor ihn das Schicksal in die Wirbel der Politik hineingezogen hat; die Hiebe, die da gegen ihn gerichtet wurden, sind fast niemals von einem gekommen, der ihm von Angesicht zu Angesicht gegenübergestanden hat. Dagegen hat es sich oft ereignet, daß seine erbittertsten Gegner die Waffen senkten, nachdem sie ihm ins Auge geschaut hatten.

«Mein Bruder Sven». 1925

Emil Stumpp

Etwa zehn Jahre später, bei der Einweihung des Deutschen Museums in München (im Mai 1925), sah ich ihn, den umstrittenen und doch unbestrittenen Mann. Man traf sich abends in einem Weinlokal, und da das Treffen zufällig war, so war man aufgeräumter Stimmung. Eine nette Gesellschaft beisammen! In den feinen geistigen Ton der Unterhaltung zwischen Gerhart Hauptmann, Karl Henckell, Hugo Eckener und Max Halbe dröhnte ein lautes Lachen eines kleinen, dunklen Mannes. Ein fast brutales Kinn, reichlich grobschlächtig auch im Gehaben. Aber es war doch etwas dahinter! Eine ungeheure Lebenskraft! Und man nahm ihn ernst. Auch da, wo er mit seinen leicht ins Politische gleitenden Bemerkungen auf allgemeinen und entschiedenen Widerspruch stieß. Erstaunt war ich über ein immer noch unbeholfenes, stark schwedisch gefärbtes Deutsch.

Als er mir «saß», fertigte er in der Zeit eine Reihe von Besuchern ab. Leute, die sich ihm auf seiner nächsten Expedition anschließen wollten, Leute, die ihn wegen eigener Unternehmungen um Rat angingen. Seine Antworten waren sehr knapp, sehr bestimmt, im herrischen Ton herausgeschleudert. Aha, der große Mann! Aber neben dem ersten Eindruck des Blendenwollens, der doch sofort und hinterher immer mehr sich verstärkende Eindruck des großen Könners! Ein sehr fähiger, begabter Mensch mit unheimlicher Zielbewußtheit. Das ist nachher in der Erinnerung doch der vorherrschende Eindruck, der das Bild seiner menschlichen Begrenztheit zurücktreten läßt. Und so lebte er auch in der Vorstellung seiner Freunde. Carl Larsson sagte mir damals, von der ungerechten Beurteilung Sven Hedins nach Äußerlichkeiten ausgehend: «Und denken Sie dann, wie begabt er ist, als Schriftsteller und als Zeichner!»

«Schwedische Köpfe und wie ich sie zeichnete». 1928

Sten Selander

Sven Hedin gehörte niemals zu denen, die ihr Licht unter den Scheffel stellen. Und alle Huldigungen und jegliche panegyrische Lobeshymne machte ihn unglückseligerweise glauben, er sei ein Nationalheld, der im Namen des schwedischen Volkes zu sprechen befugt ist. Auf diese Weise geriet er in die aktive Politik. Dabei hatte er hier nichts zu gewinnen, sondern lediglich viel zu verlieren: als er zum Beispiel vor Rußland warnte, riskierte er, daß ihm die Russen den Zugang nach Zentralasien verwehren würden. Aber er scherte sich nicht darum; das Schicksal Schwedens hatte Vorrang vor persönlichen Belangen. Er zögerte nie, seine Meinung zu sagen, wie inopportun seine Ansichten auch sein mochten. Und wann immer man sich dann seinem Standpunkt widersetzen muß, ist seine Lauterkeit doch über jeden Zweifel erhaben.

«Sven Hedin». 1953

Wipert von Blücher
Ich kenne nun aus eigener Anschauung am besten die eine Seite von Hedins Tätigkeit, die des Stubengelehrten. Diese erfüllte mich mit hoher Bewunderung. In der Stille der Nacht schrieb er in seinem hoch über dem Hafen gelegenen Arbeitszimmer mit unglaublicher Geschwindigkeit und schärfster Konzentration Seite auf Seite seiner Manuskripte handschriftlich nieder. Niemals brauchte er einzuhalten, denn der Strom seiner Gedanken floß die ganze Nacht hindurch ohne Unterbrechung weiter und war so mächtig, daß die schreibende Hand immer Schwierigkeiten hatte zu folgen. Gleichzeitig war die Ausdrucksweise so prägnant und die Darstellung so logisch, daß er später kaum Korrekturen anzubringen brauchte. Seine schriftstellerische Begabung war so reich, daß schwere wissenschaftliche Publikationen und leichte, spannende Unterhaltungsliteratur sowie schwungvolle Zeitungsartikel ihm mit derselben Leichtigkeit aus der Feder flossen.

«Am Rande der Weltgeschichte». 1958

Bo Bergman
Hedin war alles andere als ein schöpferisches Genie, um so mehr jedoch ein organisatorisches. Er träumte gewaltige Träume, und es gelang ihm, einige seiner kühnsten zu verwirklichen. Er dachte oft wie ein Gymnasiast, aber er kämpfte wie ein Mann, seine politische Naivität war die des standhaften Zinnsoldaten.

«Noaks ark». 1968

Sven Stolpe
Für die, die lediglich das gängige Horrorbild Hedins als eines bornierten Oscarianers vor Augen haben, mag es irritierend sein, wenn ich einen ganz und gar anderen Eindruck wiedergebe. Er war nicht nur freundlich, sondern geradezu erwärmend. Er hatte eine Noblesse des Geistes, die zusammen mit seinem sehr stark ausgeprägten persönlichen Charme jeden Vorbehalt im Handumdrehen ausräumte.

«Sven Hedin och hans minne». 1974

Jan Myrdal
Wenn Hitler gesiegt hätte, wäre Hedin unter den Herren des Neuen Europa gewesen. Maurice Bardèche, Robert Brasillach, Céline, Pierre Drieu La Rochelle, Knut Hamsun, Sven Hedin und viele andere. Hitler und Goebbels hätten wohl eine europäische Akademie stiften können!

Wer glaubt, daß Kunst und Wissenschaft der Nazis und Faschisten schlecht war, nur weil sie schlecht war, ist gefährlich naiv. Naiv, weil er nicht gelesen und studiert haben kann, worüber er spricht; gefährlich, weil er in dem Augenblick, in dem er später entdeckt, daß es große faschistische Kunst und Wissenschaft gibt, womöglich falsche Schlüsse zum Faschismus zieht.

Wem es schwerfällt zu verstehen, daß das Böse hohe Qualität haben kann, mag Mao Tse-tungs Erörterung dieses Themas im Schlußwort zu einem ‹Forum in Jenan über Literatur und Kunst› im Mai 1942 lesen ... Dort faßt er zusammen: «Alle Klassen in allen Klassengesellschaften stellen unwandelbar die politische Norm in das erste Zimmer und die künstlerische Norm in das zweite Zimmer.» Es geschah zu Recht, daß wir Sven Hedin (und Bardèche und Céline) für uns 1942 als unlesbar erklärten. Aber kein Urteil bleibt bestehen. Je nachdem, wie die Zeit vergeht und das Geschehen sich verändert, wird es notwendig, die Arbeit der nun toten Feinde aufzugreifen, zu prüfen, kritisch zu diskutieren und kritisch zu übernehmen. Bei Hedin wie bei Hamsun und Céline (nicht aber bei Pierre Drieu La Rochelle) gibt es vieles, was man kritisch übernehmen kann.

«Die Seidenstraße». 1977

Bibliographie

Die folgende Bibliographie stellt eine Auswahl dar. Denn weder ist es angesichts der intensiven literarischen Produktivität Sven Hedins heute möglich, alle seine Arbeiten zu ermitteln, noch ist es angesichts der weltweiten und langewährenden Popularität Sven Hedins hier gar möglich, alle Würdigungen seines Wirkens zu erfassen. Weitere Titel sind in den unten genannten Bibliographien und in der Sekundärliteratur angeführt.

1. Nachlaß

Der literarische Nachlaß Sven Hedins, der – man ist geneigt zu sagen – von der Wiege bis zur Bahre alle schriftlichen Äußerungen des Mannes enthält, befindet sich innerhalb des schwedischen Reichsarchivs in 663 wohlgeordneten Schubern im Sven-Hedin-Archiv, Stockholm. Sein zeichnerischer und fotografischer Nachlaß, seine Bücher und vor allem die umfangreichen Material-Sammlungen von seinen Expeditionen und Reisen befinden sich zum größten Teil im Fundus des Ethnographischen Museums, Stockholm.

2. Bibliographien

Rinman, Sven: Förteckning över Sven Hedins tryckta skrifter. In: Hyllningsskrift tillägnad Sven Hedin på hans 70-årsdag den 19 febr. 1935, red. av Axel Wallén = Geografiska annaler 17 (1935), S. 1–21.

F. A. Brockhaus. Vollständiges Verzeichnis der von 1906–1960 verlegten Werke, Wiesbaden 1962, S. 97–109.

Hess, Willy: Die Werke Sven Hedins. Versuch eines vollständigen Verzeichnisses (= Sven Hedin – Life and Letters I), Stockholm 1962.

Hess, Willy: Die Werke Sven Hedins. Ein Nachtrag (= Sven Hedin – Life and Letters III), Stockholm 1980.

Schwedische Literatur in deutscher Übersetzung 1830–1980. Eine Bibliographie, hg. von Fritz Paul und Heinz-Georg Halbe: 3. Band, Göttingen 1987 (= Abhandlungen der Akademie der Wissenschaften in Göttingen. Philologisch-historische Klasse. Dritte Folge. Nr. 163), S. 1038–1055.

3. Werke

A Originalausgaben

a) Wissenschaftliche Werke

Der Demavend nach eigener Beobachtung. Inaugural-Dissertation zur Erwerbung

der philosophischen Doktorwürde auf der Universität Halle a. S., Halle a. S.–Berlin 1892. Zugleich in: Verhandlungen der Gesellschaft für Erdkunde zu Berlin 19 (1892), S. 304–332.
Die geographisch-wissenschaftlichen Ergebnisse meiner Reisen in Zentralasien 1894–1897 (= Ergänzungsband 28 zu Petermanns Mitteilungen), Gotha 1900.
Scientific Results of a Journey in Central Asia 1899–1902, 6 + 2 Bände, Stockholm 1904–1907.
Southern Tibet. Discoveries in Former Times Compared with my Own Researches in 1906–1908, 9 + 2 + 1 Bände, Stockholm–Leipzig 1916–1922.
Eine Routenaufnahme durch Ostpersien, 2 + 1 Bände, Stockholm–Leipzig 1918–1927.
Reports from the Scientific Expedition to the North-Western Provinces of China, 53 Bände, Stockholm etc. 1937–1975 (wird fortgesetzt).

b) Biographische Werke

Minne af Hans Hildebrand. Inträdestal i Svenska akademien, Stockholm 1914.
Bengt Bengtsson Oxenstierna. Resare-Bengt. Minnesteckning, Stockholm 1919. Zugleich in: Svenska akademiens handlingar 29 (1917), S. 63–306.
Resare-Bengt. En levnadsteckning, Stockholm 1921.
Adolf Erik Nordenskiöld. En levnadsbeskrivning, Stockholm 1926.
Chiang Kai-Shek, Marskalk av Kina, Stockholm 1939.

c) Populäre Werke

Genom Persien, Mesopotamien och Kaukasien. Reseminnen, Stockholm 1887.
General Prschevalskij's forskningsresor i Centralasien, Stockholm 1891.
Konung Oscars beskickning till schahen af Persien år 1890, Stockholm 1891.
Genom Khorasan och Turkestan. Minnen från en resa i Centralasien 1890 och 1891, 2 Bände, Stockholm 1892–1893.
En färd genom Asien 1893–97, 2 Bände, Stockholm 1898.
Genom Asiens öknar. Forskningsresor och äfventyr 1893–1897, Stockholm 1899.
Asien. Tusen mil på okända vägar, 2 Bände, Stockholm 1903.
Tibetanska äfventyr, Stockholm 1904.
Transhimalaya. Upptäckter och äfventyr i Tibet, 3 Bände, Stockholm 1909–1912.
Öfver land till Indien genom Persien, Seistan och Belutjistan, 2 Bände, Stockholm 1910.
Från pol till pol, 2 Bände, Stockholm 1911.
Scoutliv i Tibet, Stockholm 1913.
Bagdad, Babylon, Ninive, Stockholm 1917.
Till Jerusalem, Stockholm 1917.
Mount Everest och andra asiatiska problem, Stockholm 1922.
Från Peking till Moskva, Stockholm 1924.
Ossendowski und die Wahrheit, Leipzig 1925.
Grand Canyon, Stockholm 1925.
Åter till Asien. Min expedition 1927–1928 med svenskar, tyskar och kineser genom öknen Gobi, Stockholm 1928.
Gobiöknens gåtor, Stockholm 1930.
Jehol, kejsarstaden. Skildringar från de stora mandschukejsarnas hov, Stockholm 1931.

Stora hästens flykt, Stockholm 1935.
Sidenvägen. En bilfärd genom Centralasien, Stockholm 1936.
Den vandrande sjön, Stockholm 1937.
På svensk mark. Resor och minnen, red. av Gösta Montell, Stockholm 1944.
Im Kampf gegen Wüste und Tod, Leipzig 1944.

d) Politische Werke

Sverige och den stora östern, Stockholm 1905.
Svar på «tal», Stockholm 1910.
Ett varningsord, Stockholm 1912.
Tre tal, Stockholm 1913.
Andra varningen, Stockholm 1914.
Fyra tal, Stockholm 1914.
Tal till ungdemokrater, borgare och bönder, Stockholm 1914.
Från fronten i väster september – november 1914, Stockholm 1915.
Kriget mot Ryssland. Minnen från fronten i öster mars – augusti 1915, Stockholm 1915.
Sveriges öde, Stockholm 1918.
Der 9. November! Ein Gruß an das deutsche Volk. In Alma Hedin: Arbeitsfreude. Was wir von Amerika lernen können, Leipzig 1921, S. 5–34.
Tyskland och världsfreden, Stockholm 1937.
Amerika im Kampf der Kontinente, Leipzig 1942.
Ett nytt varningsord, Stockholm 1944.

e) Autobiographische Werke

En levnads teckning, Stockholm 1920.
My Life as an Explorer, New York 1925.
Erövringståg i Tibet, Stockholm 1934.
50 Jahre Deutschland, Leipzig 1938.
Utan uppdrag i Berlin, Stockholm 1949.
Stormän och kungar, 2 Bände, Stockholm 1950.
Försvarsstriden 1912–1914, Stockholm 1951.
Mina hundar i Asien, Stockholm 1952.
Karavan och tarantass. Med hästar genom Asien, red. av Gösta Montell, Stockholm 1953.

f) Fiktionale Werke

Tsangpo Lamas vallfärd, 2 Bände, Stockholm 1920–1922.

B Deutsche Ausgaben (meist bearbeitet und häufig gekürzt)
a) Biographische Werke

Verwehte Spuren. Orientfahrten des Reise-Bengt und anderer Reisenden im 17. Jahrhundert, Leipzig 1923.

b) Populäre Werke

Durch Asiens Wüsten. Drei Jahre auf neuen Wegen in Pamir, Lop-nor, Tibet und China, 2 Bände, Leipzig 1899; neue Ausgabe Wiesbaden ^{13}1981.

Im Herzen von Asien. Zehntausend Kilometer auf unbekannten Pfaden, 2 Bände, Leipzig 1903; ^{6}1929.

Abenteuer in Tibet, Leipzig 1904; neue Ausgabe Wiesbaden ^{11}1980.

Transhimalaja. Entdeckungen und Abenteuer in Tibet, Leipzig 1909–1912; neue Ausgabe Wiesbaden ^{7}1985.

Zu Land nach Indien durch Persien, Seistan und Belutschistan, 2 Bände, Leipzig 1910; ^{3}1922.

Von Pol zu Pol, 3 Bände, Leipzig 1911–1912; neue Ausgabe Wiesbaden 1980.

Bagdad – Babylon – Ninive, Leipzig 1918; ^{2}1923.

Jerusalem, Leipzig 1918; ^{2}1924.

General Prschewalskij in Innerasien, Leipzig 1922.

Meine erste Reise, Leipzig 1922.

An der Schwelle Innerasiens, Leipzig 1923.

Mount Everest, Leipzig 1923; ^{2}1926.

Persien und Mesopotamien, zwei asiatische Probleme, Leipzig 1923.

Von Peking nach Moskau, Leipzig 1924; ^{6}1929.

Gran Cañon. Mein Besuch im amerikanischen Wunderland, Leipzig 1926; ^{2}1927.

Auf großer Fahrt. Meine Expedition mit Schweden, Deutschen und Chinesen durch die Wüste Gobi 1927–1928, Leipzig 1929; ^{13}1942.

Rätsel der Gobi. Die Fortsetzung der Großen Fahrt durch Innerasien in den Jahren 1928–1930, Leipzig 1931; ^{8}1942.

Jehol, die Kaiserstadt, Leipzig 1932; ^{7}1942.

Die Flucht des Großen Pferdes, Leipzig 1935; ^{11}1942.

Die Seidenstraße, Leipzig 1936; ^{10}1942.

Der wandernde See, Leipzig 1937; ^{13}1945.

c) Politische Werke

Ein Warnungsruf, Leipzig 1912.

Ein Volk in Waffen, Leipzig 1915.

Nach Osten!, Leipzig 1916.

Deutschland und der Weltfriede, Leipzig 1937 (der Titel wurde zwar gedruckt, aber nie ausgeliefert; nur fünf Exemplare wurden gebunden – eins von ihnen ist im Besitz des F. A. Brockhaus Verlages, Wiesbaden).

d) Autobiographische Werke

Mein Leben als Entdecker, Leipzig 1926; ^{7}1942.

Eroberungszüge in Tibet, Leipzig 1940; ^{6}1944.

Ohne Auftrag in Berlin, Buenos Aires 1949; Tübingen–Stuttgart ^{2}1950.

Große Männer, denen ich begegnete, 2 Bände, Wiesbaden 1951–1952.

Meine Hunde in Asien, Wiesbaden 1953; ^{2}1956.

Mein Leben als Zeichner, hg. von Gösta Montell, Wiesbaden 1965.

e) Fiktionale Werke

Tsangpo Lamas Wallfahrt, 2 Bände, Leipzig 1921–1923; I ^{10}1925, II ^{8}1923.

4. Briefe

HEDIN, ALMA: Mein Bruder Sven. Nach Briefen und Erinnerungen, Leipzig 1925.
Meister und Schüler. Ferdinand Freiherr von Richthofen an Sven Hedin. Mit einer Einleitung und Erläuterungen von Sven Hedin, hg. von ERNST TIESSEN, Berlin 1933.
Sven Hedin und Albert Brockhaus. Eine Freundschaft in Briefen zwischen Autor und Verleger, hg. von SUSE BROCKHAUS, Leipzig 1942; Wiesbaden ²1956.

5. Sekundärliteratur

A Gesamtdarstellungen

DETTMANN, HANS EDUARD: Das Abenteuer meines Lebens. Mit Sven Hedin auf Forschungsreisen, Göttingen 1965.
ESSÉN, RÜTGER: Sven Hedin. Ein großes Leben, Leoni am Starnberger See 1959.
FORSSTRAND, CARL: Sven Hedin, Stockholm 1915 (= Männen för dagen 7).
HEDIN, ALMA: Mein Bruder Sven. Nach Briefen und Erinnerungen, Leipzig 1925.
KANEKO, TAMIO: Hedin-den. Idai-na tankenka no shōgai, Tokyo 1972.
KANEKO, TAMIO: Hedin-den. Idai-na shirukurodo no tankensha, Tokyo 1980.
KISH, GEORGE: To the Heart of Asia. The Life of Sven Hedin, Ann Arbor, Mich., 1984.
KOHLENBERG, KARL F.: Sven Hedin. Vorstoß nach Innerasien, Balve 1976 (= Große Gestalten: Wissenschaft – Kunst – Technik – Glauben).
SELANDER, STEN: Sven Hedin. En äventyrsberättelse, Stockholm 1957.
TENGBOM, ULF: Sven Hedin, Stockholm 1947.
WENNERHOLM, ERIC: Sven Hedin, Wiesbaden 1978.

B Würdigungen

BECK, HANNO: «Sven Hedin – der letzte große Landreisende der Geschichte», in ders.: Große Reisende, München 1971, S. 369–386.
BERGER, SVEN: «Sven Anders Hedin», in: Svensk uppslagsbok 13, Malmö ²1955, Sp. 19–24.
BLÜCHER, WIPERT VON: «Sven Hedin, ein großer Forscher und treuer Freund», in ders.: Am Rande der Weltgeschichte, Wiesbaden 1958, S. 114–121.
BÖÖK, FREDRIK: «Sven Hedin», in ders.: Essayer och kritiker, Stockholm 1913, S. 120–126.
BOHLIN, BIRGER: Sven Hedin in memoriam, Uppsala 1956.
BRENNECKE, DETLEF: «‹... zu 15/16 Germane›. Sven Hedin – der Pionier, Patriot und Pamphletist», in: Westdeutscher Rundfunk, 3. Programm, 11. Oktober 1982, 21:00–21:45 Uhr (= maschinenschriftliches Sendemanuskript).
ELVIN, AXEL: «Sven Anders Hedin», in: Svenska män och kvinnor 3, Stockholm 1946, S. 360–362.
GRILL, ERIK: «Hedin, Sven Anders», in: Svenskt biografiskt lexikon 18, Stockholm 1969–1971, S. 471–477.
GROTHE, HEINZ: «Erinnerung und Dank an einen Freund Deutschlands», in: Auslandswarte 38 (1956), S. 3 und S. 13.
HARRER, HEINRICH: «Sven Hedin», in: Reisen mit Sven Hedin, Wiesbaden 1968, S. 9–12.

HERRMANN, ERNST: Wikinger unserer Zeit. Nansen, Amundsen, Hedin, Berlin 1937.

HESS, WILLY: «Sven Hedin», in: Atlantis 25 (1953), S. 9–16.

HOPKIRK, PETER: «Sven Hedin – der Wegbereiter», in ders.: Die Seidenstraße, Reinbek bei Hamburg 1990 (= rororo Sachbuch 8564), S. 69–84.

LEHMANN, HERBERT: «Sven Hedin und das Problem des Forschungsreisenden», in: Frankfurter Allgemeine Zeitung vom 6. Dezember 1952.

MONTELL, GÖSTA: «Sven Hedin, the Explorer», in: Geografiska annaler 36 (1954), S. 1–8.

MONTELL, GÖSTA: «The Explorer», in: Ethnos 30 (1965), S. 7–24.

NORIN, ERIK: «Sven Hedins forskningsresor i Centralasien och Tibet», in: Geografiska annaler 36 (1954), S. 9–39.

PENCK, ALBRECHT: «Sven Hedin als Forschungsreisender», in: Deutsche Rundschau 202 (1925), S. 276–282.

RÜHLE, ERHARD: «Die größte Expedition seines Lebens», in: Reisen mit Sven Hedin, Wiesbaden 1968, S. 269–321.

SCHMITZ, SIEGFRIED: «Sven Hedin», in ders.: Große Entdecker und Forschungsreisende, Düsseldorf 1983 (= Hermes Handlexikon 10008), S. 122 f.

SELANDER, STEN: Sven Hedin. Inträdestal i Svenska akademien, Stockholm 1953.

SOMMARSTRÖM, BO: «Sven Hedin», in: Mot fjärran land. Berömda svenska upptäckare, red. av Gösta Vogel-Rödin, Stockholm–Jönköping 1975 (= Katalog över utställningen på Läckö slott), S. 155–159.

THUNBERG, PETER: «Sven Hedin – geografen och upptäcktsresanden», in: Apans år = Årsbok om Kina, Stockholm 1980, S. 33–35.

WEGENER, GEORG: «Sven Hedin», in: Westermanns illustrierte deutsche Monats-Hefte 47 (1903), S. 358–365.

WENNERHOLM, ERIC: «Sven Hedin. Hela världen – hans äventyr», in: Mot fjärran land 1975 (siehe oben unter Sommarström, Bo), S. 92–115.

C Untersuchungen

a) Zur geographischen Leistung

AHLMANN, HANS W:son: «Sven Hedins forskningar i södra Tibet 1906–1908. Geomorfologi», in: Ymer 38 (1918), S. 158–186.

ALLEN, CHARLES: A Mountain in Tibet. The Search for Mount Kailas and the Sources of the Great Rivers of India, London 1982, besonders S. 193–237.

ANDERSSON, J. G.: «Vad fann Sven Hedin?», in: Ord och Bild 45 (1936), S. 129–144.

ASKLUND, BROR: «Sven Hedins geologische Routenaufnahme durch Ostpersien», in: Hyllningsskrift 1935 (siehe unten bei c), S. 229–241.

CURZON, GEORGE NATHANIEL (= Lord Curzon of Kedleston): «Scientific results of Dr. Sven Hedin's expedition», in: The Geographical Journal 33 (1909), S. 435 f.

DAHLGREN, ERIK WILHELM: «Sven Hedins forskningar i södra Tibet 1906–1908. Historisk geografi och kartografi», in: Ymer 38 (1918), S. 103–124.

HAACK, HERMANN: «Sven Hedins Zentralasien-Atlas», in: Petermanns Mitteilungen 87 (1941), S. 2–7.

HOLDICH, THOMAS (= Colonel Sir T. H. Holdich): «What we have learnt from Dr. Sven Hedin», in: The Geographical Journal 33 (1909), S. 436–438.

MARGERIE, EMMANUEL DE: L'œuvre de Sven Hedin et l'orographie du Tibet, Paris 1929.

MARGERIE, EMMANUEL DE: «L'Atlas de l'Asie Central de Sven Hedin», in: Annales de Géographie 50 (1941), S. 196–200.

MERZBACHER, GOTTFRIED: «Süd-Tibet nach Sven Hedin», in: Geographische Zeitschrift 30 (1924), S. 36–50.

MONTELL, GÖSTA: «Hur expeditionens resultat bearbetats och publicerats», in: Ymer 71 (1951), S. 174–181.

RIEGER, MAX: Sven Hedins Anteil an der Erforschung Zentralasiens, Köln 1911 (= 2. Vereinsschrift für 1911 der Görres-Gesellschaft zur Pflege der Wissenschaft im katholischen Deutschland).

ROSÉN, KARL DAVID PETRUS: «Sven Hedins forskningar i södra Tibet 1906–1908. Kartarbeten», in: Ymer 38 (1918), S. 125–157.

SKOTTSBERG, CARL: «Hur expeditionerna genomfördes», in: Ymer 71 (1951), S. 161–173.

b) Zur archäologischen Leistung

BERGMAN, FOLKE: «Lou-lan woodcarvings and small finds discovered by Sven Hedin», in: Bulletin of the Museum of Far Eastern Antiquities 7 (1933), S. 71 bis 144.

CONRADY, AUGUST: Die chinesischen Handschriften und sonstigen Kleinfunde Sven Hedins in Lou-lan, Stockholm 1920.

HIMLY, KARL: «Sven Hedins Ausgrabungen am alten Lop-nur», in: Petermanns Mitteilungen 48 (1902), S. 288–290.

MACARTNEY, GEORGE: «Notices, from Chinese sources, on the ancient kingdom of Lau-lan or Shen-shen», in: The Geographical Journal 21 (1903), S. 260 bis 265.

MONTELL, GÖSTA: «Sven Hedin's archaeological collections from Khotan», in: Bulletin of the Museum of Far Eastern Antiquities 7 (1933), S. 145–221, und 10 (1938), S. 83–113.

MONTELL, GÖSTA: «Archaeological research in Central Asia by the Sven Hedin Expedition», in: Ethnos 17 (1952), S. 1–14.

THORDEMANN, BENGT: «Die asiatischen Rüstungen der letzten Sven Hedin-Expedition», in: Hyllningsskrift 1935 (siehe unten bei c), S. 215–224.

c) Zu sonstigen wissenschaftlichen Leistungen

HAUDE, WALDEMAR: «Reise und Arbeiten der meteorologischen Sondergruppe 1931/32 bei der Expedition Sven Hedins», in: Zeitschrift der Gesellschaft für Erdkunde zu Berlin 1934, S. 123–144.

Hyllningsskrift tillägnad Sven Hedin på hans 70-årsdag den 19 febr. 1935, red. av AXEL WALLÉN = Geografiska annaler 17 (1935).

LUNDMARK, KNUT: Astronomiskt hos Sven Hedin, Lund 1941.

MONTELL, GÖSTA – DAVID HUMMEL: Från tält och tempel i fjärran östern. Vägledning till utställningen av Hedin-expeditionens religionshistoriska och etnografiska samlingar, Stockholm 1932.

OW, ANTON FREIHERR VON: «Religionsgeschichtliches aus Sven Hedins Transhimalaja», in: Anthropos 5 (1910), S. 1058–1071.

SJÖSTEDT, YNGVE: «Die entomologischen Ergebnisse der Sven Hedin-Expedition 1927–1930», in: Hyllningsskrift 1935 (siehe oben), S. 197–214.

d) Zur künstlerischen Leistung

BRENNECKE, DETLEF: «Heroism, det habituella och Sven Hedin. Off-side funderingar om en succéförfattares berättarkonst», in: Horisont 33 (1986), S. 90–94.

HOLMÉR, FOLKE: «The artist Sven Hedin», in: Sven Hedin as Artist, red. av Gösta Montell, Stockholm 1964 (= Sven Hedin – Life and Letters II), S. 58–62.

MONTELL, GÖSTA: Sven Hedin-utställningen på Liljevalchs konsthall 1954, Stockholm 1954 (= Katalog 209).

Sven Hedin. Katalog zur Ausstellung in Deutschland, Wiesbaden 1955.

Sven Hedin – teckningar, red. av BÖRJE MAGNUSSON, Stockholm 1978 (= Nationalmusei utställningskatalog 416).

WEGENER, GEORG: «Das Künstlerische in Sven Hedin», in: Hyllningsskrift 1935 (siehe oben bei c), S. 462–469.

e) Zum politischen Verhalten

BURGMAN, TORSTEN: Svensk opinion och diplomati under rysk-japanska kriget 1904–1905, Uppsala 1965 (= Studia historica Upsaliensia 18), S. 149–185.

FORSER, TOMAS: Bööks 30-tal. En studie i ideologi, Stockholm 1976.

HÖGLUND, ZETH: Minnen i fackelsken I–III, Stockholm 1951–1956.

MÅNSSON, FABIAN: Svar till Sven Hedin, Gävle 1912.

MEIDAL, BJÖRN: Från profet till folktribun, Strindberg och strindbergsfejden 1910–1912, Stockholm 1982.

MÖLLER, GUSTAV: Sven Hedin – en falsk profet! En granskning av hans «varningsord», Hälsingborg 1912.

OSSIANNILSSON, KARL GUSTAV: Sven Hedin – adelsman! Ett öppet brev, Stockholm 1917.

SELANDER, STEN: «Ett varningsord», in: Bonniers Litterära Magasin 27 (1958), S. 818–827.

STENKVIST, JAN: «Sven Hedins varningsord», in: Tvärsnitt 1 (1985), S. 11–18.

Strindbergsfejden. 465 debattinlägg och kommentarer I, utg. av HARRY JÄRV, Uddevalla 1968.

SUNDBLAD, CARL alias HARALD SVENSKE: Svar på Hedins Varningsord, Stockholm 1912 (= Fredsskrifter, utg. av Svenska Freds- och Skiljedomsföreningen 9).

SVENSSON, BARBRO: «Strindberg och Sven Hedin», in dies. et alii: Strindbergsfejden, Uppsala 1967 (= Litteratur och Samhälle. Meddelanden från Avdelningen för litteratursociologi 38/3), S. 1877–1883.

THULSTRUP, ÅKE: Med lock och pock. Tyska försök att påverka svensk opinion 1933–1945, Stockholm 1962, besonders S. 139–147.

TIRESIAS (= Pseudonym): Den nye Karl XII, Stockholm 1914.

VON DER AHÉ, KARL-RAINER: «Sven Hedin – der Raumüberwinder», in ders.: Rezeption schwedischer Literatur in Deutschland 1933–1945, Hattingen 1982, S. 170–187.

WYMER, ENNO: «Warnung vor dem gefährlichen Wort von der nationalen Größe. Offener Brief eines jungen Deutschen an Sven Hedin», in: Neue Zeitung vom 1. November 1951.

ZETTERSTRÖM, HASSE: Kejsare Hedin, Stockholm 1915.

D Sonstiges

AMBOLT, NILS: Karawanen. Im Auftrag Sven Hedins durch Innerasien (1935), Leipzig 1937.

BERGER, ARTHUR: Mit Sven Hedin durch Asiens Wüsten. Nach dem Tagebuch des Filmoperateurs Paul Lieberenz, Berlin 1932.

BRENNECKE, DETLEF: «Emil Stumpps Portraits von Selma Lagerlöf und Sven Hedin», in: Scandica Magazin 5 (1982), S. 23–26.

EDSCHMID, KASIMIR: Lebendiger Expressionismus. Auseinandersetzungen, Gestalten, Erinnerungen, München–Wien–Basel 1961 (= Welt im Buch 592).

FILCHNER, WILHELM: «Auf Sven Hedins Spuren», in ders.: Om mani padme hum. Meine China- und Tibetexpedition 1925/28, Leipzig 1929, S. 281–287.

GAST, GUSTAV: Sven von Hedins abenteuerliche Reise durch Tibet, Stuttgart–Berlin–Leipzig o. J.

HEDIN, ALMA: I minnets blomstergårdar, Stockholm 1950.

HOLM, NILS F.: «Sven Hedins arkiv», in: Arkiv, samhälle och forskning 16 (1974), S. 15–20.

HOLM, NILS F.: «Sven Hedins arkiv», in: RA nytt 2 (1974), S. 2f.

HOLM, NILS F.: Förteckning över Sven Hedins arkiv, Stockholm 1975.

JARRING, GUNNAR: «Sidenvägen och Sven Hedin-renässans», in: Svenska Dagbladet vom 27. September 1989.

LINDORM, ERIK: Oscar II och hans tid. En bokfilm, Stockholm 1934.

LINNÉ, SIGVALD: «Dr Sven Hedin's significance to the Ethnographical Museum of Stockholm», in: Hyllningsskrift 1935 (siehe oben bei c), S. 167–174.

LINNÉ, SIGVALD: «Sven Hedin and the Ethnographical Museum of Stockholm», in: Ethnos 30 (1965), S. 25–38.

LJUNGGREN, BENGT: «Cushing och Sven Hedin», in: Läkartidningen 79/32–33 (1982), S. 2790–2792.

LJUNGGREN, BENGT: «Harvey Cushing and Sven Hedin», in: Surgical Neurology 17/3 (1982), S. 165–171.

LÖFSTRÖM, TOMAS: «Upptäcktsresanden som pilgrim», in ders.: Transit. Reseberättelser, Stockholm 1984, S. 82–88.

MONTELL, GÖSTA – WERNER SCHULTZE: Sven Hedin. Ausstellung in Deutschland, Wiesbaden 1955.

MONTELL, GÖSTA: Sven Hedins stiftelse. De första fem åren, Stockholm 1957.

MONTELL, GÖSTA: Sven Hedins stiftelse 1958–1962, Stockholm 1962.

The Museum of Far Eastern Antiquities. Hedin Anniversary Volume, Stockholm 1935.

MYRDAL, JAN: Die Seidenstraße (1977), Wiesbaden 1981.

[Ossendowski, Ferdinand:] Um Ferdinand Ossendowski, Frankfurt am Main 1925.

ÖSTERLING, ANDERS: Minnets vägar, Stockholm ²1967.

STOLPE, SVEN: «Sven Hedin och hans minne», in ders.: Tål ni höra mer? Minnen och anekdoter, Nacka 1974, S. 20–30.

STUMPP, EMIL: «Schwedische Köpfe und wie ich sie zeichnete», in: Deutsche Monatshefte 4/2 (1928), S. 129–140.

WOLF, BIRGITTA: «Tibetansk kontemplation», in dies.: Flickan på vinden, Stockholm 1966, S. 79–85.

Namenregister

Die kursiv gesetzten Zahlen bezeichnen die Abbildungen

Danksagung

Beim Zustandekommen dieser Biographie hat mich eine Reihe von Institutionen und Personen unterstützt. Ich danke daher zuerst *Svenska institutet* für einen Reisekostenzuschuß, *Sven Hedins arkiv* für die Erlaubnis, im Nachlaß des Reisenden zu forschen, und Adelheid Schmitz-Valckenberg für die Einladung, mich im Archiv des F. A. Brockhaus Verlages, Wiesbaden, umzusehen; ferner Dr. Helmut Müssener für organisatorische Hilfe in Stockholm, Dr. Klaus Rossenbeck für die Beschaffung apokrypher Literatur und Dr. Bo Sommarström für ein paar sehr anregende Gespräche im Ethnographischen Museum, Stockholm; schließlich Adi Seitz für seine Bereitschaft, mit mir alte Spielzeugautos gegen Bücher von Sven Hedin zu tauschen, meinem Vater, Heinz Brennecke, für einige Aufnahmen vom Grabe Sven Hedins und Joachim Prölß für präzise Aufklärung über den Mondkrater «Hedin»; last but not least danke ich Anne Murray vom Ethnographischen Museum in Stockholm für ihre Geduld, Findigkeit und Sorgfalt bei der Reproduktion von Zeichnungen und Fotos aus dem Nachlaß Sven Hedins.

Über den Autor

Detlef Brennecke (* 1944), Kritiker und Sachbuchautor, gilt hierzulande als einer der besten Kenner skandinavischer Geistesgeschichte. Zuletzt erschienen von ihm: «Emil Stumpp – ein Zeichner seiner Zeit» (1988), «Von Strindberg bis Lars Gustafsson» (1989), «Fridtjof Nansen» (1990, rowohlts monographien 411) und «Von Tegnér bis Tranströmer» (1991). 1988 wurde er von der Schwedischen Akademie mit dem Übersetzerpreis der Stiftung «Natur und Kultur» ausgezeichnet.

Quellennachweis der Abbildungen

Karl Otto Bonniers porträttsamling, Stockholm: 6
Etnografiska museet, Stockholm: 11, 14/15, 19, 20, 22, 24, 25, 26, 31, 32, 35, 38, 43, 46, 47, 49, 50, 52, 56, 59, 63, 66, 80, 81, 82, 85 o., 85 u., 90 o., 90 u., 91, 96, 98, 103, 105, 109, 110/111, 115, 117, 118, 123
Bonniers arkiv, Stockholm: 12
Stockholms stadsmuseum: 74
Aus: E. Norin, «Sven Hedins forskningsresor». In: Geografiska annaler 36, 1954: 28, 44, 58
H. M. Konungens fotoarkiv, Stockholm: 29
Lunds universitet: 41
Aus: S. Hedin, På svensk mark, 1944: 55
Riksarkivet, Stockholm: 57
Aus: S. Hedin, Große Männer, denen ich begegnete II, 1952: 61
Aus: S.Hedin, Transhimalaja I, 1909 (Etnografiska museet, Stockholm): 64
Svenska Dagbladet, Stockholm: 68
Kungliga vetenskapsakademien, Stockholm: 70
Aus: Strindbergsfejden I, 1968: 72
Aus: S. Hedin, Försvarsstriden, 1951: 78
F. A. Brockhaus Verlag, Wiesbaden: 79
Aus: S. Hedin, Transhimalaja II, 1910: 86/87
Michael Stumpp, Birstein: 93
Åhlen & Åkerlund, Stockholm: 94
Aus: S. Hedin, Der wandernde See, 1937: 100
Dr. Detlef Brennecke, Birstein: 119
Camera Press: 121
Lennart Nilsson: 122
Heinz Brennecke, München: 125

rowohlts bildmonographien

Thema Kunst

Catherine Krahmer
Ernst Barlach (335)

Heinrich Goertz
Hieronymus Bosch (237)

Kurt Leonhard
Paul Cézanne (114)

Juerg Albrecht
Honoré Daumier (326)

Dietrich Schubert
Otto Dix (287)

Franz Winzinger
Albrecht Dürer (177)

Lothar Fischer
Max Ernst (151)

Gertrud Fiege
Caspar David Friedrich (252)

Herbert Frank
Vincent van Gogh (239)

Jutta Held
Francisco de Goya (284)

Lothar Fischer
George Grosz (241)

Michael Töteberg
John Heartfield (257)

Peter Anselm Riedl
Wassilij Kandinsky (313)

Carola Giedion-Welcker
Paul Klee (52)

Catherine Krahmer
Käthe Kollwitz (294)

Norbert Huse
Le Corbusier (248)

Kenneth Clark
Leonardo da Vinci (153)

Jost Hermand
Adolph Menzel (361)

Heinrich Koch
Michelangelo (124)

Liselotte v. Reinken
Paula Modersohn-Becker (317)

Mathias Arnold
Edvard Munch (351)

Wilfried Wiegand
Pablo Picasso (205)

Christian Tümpel
Rembrandt (251)

Ernst Nündel
Kurt Schwitters (296)

Matthias Arnold
Henri de Toulouse-Lautrec (306)

Lothar Fischer
Heinrich Zille (276)

bildmono ro ro ro graphien

C 2056/7